Italienische Küche

jamie
& friends

Willkommen

© David Loftus

Wie sehr mir die italienische Küche am Herzen liegt, ist wohl kein Geheimnis. Ich liebe die Verbindung einfacher Zutaten zu Gerichten mit großartigem Geschmack. Das Talent der Italiener, sich ihre bodenständige, alltägliche Küche zu bewahren, ist eine echte Inspiration für mich. Die Rezepte in diesem Buch bieten für jeden Geschmack und Anlass etwas – von wunderbaren Suppen und Salaten über leckere Pastagerichte, Pizzas, Risottos und Gratins bis hin zu traditionellen Desserts. Ich hoffe, Sie werden diese Rezepte genauso schätzen wie ich.

Jamie Oxx

Jamie Oliver ist ein Phänomen in der Kochwelt. Er gehört zu den beliebtesten Persönlichkeiten im Fernsehen und zu den bekanntesten Gesichtern Großbritanniens.

Jamie hat die Menschen dazu gebracht, mehr Zeit in der Küche zu verbringen und sogar ihre eigenen Gemüsegärten zu pflegen. Seine Sendungen werden in über 100 Ländern ausgestrahlt, darunter in Deutschland, USA, Australien, Südafrika, Brasilien, Japan und Island. Seine Kochbücher werden in mehr als 30 Sprachen übersetzt und sind weltweit Bestseller.

Die Restaurantkette *Jamie's Italian* ist im Vereinigten Königreich äußerst beliebt. Das 2002 eröffnete Restaurant *The Fifteen* ermöglicht benachteiligten jungen Menschen eine Ausbildung in den drei über die Welt verteilten Lokalen, die nur hochwertige Produkte verwenden. Sein neues Londoner Restaurant *Barbecoa*, wurde in Zusammenarbeit mit dem amerikanischen Koch Perry Lang eröffnet. Jamie pendelt zwischen London und Essex hin und her. Er ist verheiratet mit Jools und hat vier Kinder: Poppy, Daisy, Petal und Buddy.

14

18

35

36

76

84

REZEPTE ERPROBT IN DEN KÜCHEN VON JAMIE OLIVER

INHALT

11 ANTIPASTI & INSALATE: VORSPEISEN

29 PRIMI PIATTI: PASTA

39 SECONDI PIATTI: HAUPTGERICHTE

69 DOLCE: DESSERT

88 REZEPTREGISTER

89 ZUTATENREGISTER

90 INHALT

ANTIPASTI & INSALATE: VORSPEISEN

REZEPTE

Caponata mit Kapern • Bruschetta mit Bagna cauda • Mozzarella mit Meeräschenrogen (Bottarga di muggine) • Zuppa caprese • Burrata mit Tomate und Basilikum • Gegrillter Radicchio mit Gorgonzola • Ricottafladen mit Pinienkernen • Panzanella mit Rind • Carpaccio

Für 4 bis 6 Personen

CAPONATA MIT KAPERN
von Andy Harris

ZUTATEN

- 6 Stangen Staudensellerie
- 4 Knoblauchzehen
- 3 Zwiebeln
- 1 kg Auberginen
- je 1 rote, grüne und gelbe Paprikaschote, Stielansätze, Samen und Scheidewände entfernt
- 3 EL Kapern aus dem Glas
- 200 ml Olivenöl + Öl zum Beträufeln
- 800 g Kirschtomaten (aus der Dose) oder 500 g frische Kirschtomaten, geputzt, Samen entfernt und in Stücke geschnitten
- 250 g Tomatenpassata (siehe Seite 32)
- 1–2 EL Puderzucker
- 150 g grüne Oliven, ohne Stein
- 150 ml Rotweinessig
- 4 EL Basilikumblätter, zerpflückt (nach Geschmack)
- Salz und Pfeffer

Manchmal gibt man dieser »sizilianischen Ratatouille« auch Rosinen und Mandeln bei. Die Caponata bereitet man traditionell schon einige Tage im Voraus zu oder lässt sie zumindestens über Nacht durchziehen.

1 Die Selleriestangen putzen und in feine Scheiben schneiden. Knoblauch und Zwiebeln schälen, den Knoblauch fein hacken, die Zwiebeln in feine Scheiben schneiden. Die Auberginen in 2,5 cm große Würfel schneiden, die Paprikaschoten in feine Scheiben schneiden. Die Kapern abspülen und gut abtropfen lassen.

2 Den Sellerie in einem Topf mit Salzwasser 10 Minuten garen, abseihen und in eine große Schüssel geben. Die Hälfte des Öls in einem großen Topf erhitzen und darin Zwiebeln und Knoblauch etwa 7 Minuten anschwitzen. Herausnehmen und beides zum Sellerie geben.

3 Nun die Auberginenwürfel in den Topf geben und bei starker Hitze 10–15 Minuten anbraten, bis sie weich sind (falls nötig, noch etwas Öl zufügen). Die Auberginen ebenfalls in die Schüssel geben. Bei Bedarf weiteres Öl in den Topf geben und die Paprikaschoten darin bei starker Hitze 8–10 Minuten anbraten und dann unter das andere Gemüse mischen.

4 Anschließend die Kirschtomaten in den Topf geben und 5 Minuten bei mittlerer Hitze garen. Tomatenpassata

und Puderzucker zugeben und alles weitere 5 Minuten köcheln lassen. Die Hitze reduzieren und das restliche Gemüse wieder beigeben. Großzügig salzen und pfeffern. Kapern, Oliven und Rotweinessig zugeben. Alles weitere 3–5 Minuten köcheln lassen.

5 Die Caponata etwas abkühlen lassen, in eine Servierschüssel umfüllen und kalt stellen. Vor dem Servieren am besten über Nacht im Kühlschrank durchziehen lassen. Nach Geschmack die Basilikumblätter zugeben und großzügig mit Öl beträufeln. Zur Caponata ein Weißbrot reichen.

Tipp
Luftdicht verschlossen hält sich die Caponata im Kühlschrank etwa zwei Wochen. Sie schmeckt hervorragend zu kaltem Fleisch oder Fisch.

© Sam Stowell

Für 20 bis 25 Röstbrote

BRUSCHETTA MIT BAGNA CAUDA
von Laura Fyfe

ZUTATEN

- 3 Knoblauchzehen
- 50 g Sardellenfilets in Salz (aus dem Glas)
- 1 Stange frisches Weißbrot
- 50 ml natives Olivenöl extra
- 20 g Butter
- 1 Handvoll Oreganoblättchen, zum Bestreuen

1 Die Knoblauchzehen schälen. Die Sardellenfilets zum Entsalzen gründlich unter fließendem kaltem Wasser abspülen und gut abtropfen lassen. Das Weißbrot schräg in Scheiben schneiden.

2 Knoblauchzehen und Sardellenfilets zusammen mit dem Olivenöl in eine Küchenmaschine geben und grob zerkleinern. Dann die Butter in einer Pfanne schmelzen lassen. Die zuvor hergestellte Sardellenpaste zugeben und einige Minuten köcheln lassen.

3 Inzwischen den Backofen auf 180 °C vorheizen und darin die Brotscheiben goldgelb bräunen oder das Brot in einem Toaster rösten. Das geröstete Brot mit der warmen Sauce (Bagna cauda) bestreichen und vor dem Servieren mit Oregano bestreuen.

Bottarga di muggine, der getrocknete und gesalzene Rogen der Meeräsche, ist eine Spezialität auf Sardinien. Man bekommt sie bei uns in italienischen Lebensmittelläden und in Feinkostläden.

Für 4 Personen

MOZZARELLA MIT MEERÄSCHENROGEN (BOTTARGA DI MUGGINE)
von Pete Begg

ZUTATEN

- 70 g Rucola, alternativ auch Brunnenkresse oder Feldsalat
- Saft von 1 Zitrone
- 2 EL natives Olivenöl extra + Öl zum Beträufeln
- 4 Kugeln hochwertiger Büffelmozzarella
- 60 g Bottarga di muggine (Meeräschenrogen)
- Salz und Pfeffer

1 Die Rucolablätter waschen, trocken schleudern und in eine Schüssel geben. Etwas Zitronensaft, Olivenöl, Salz und Pfeffer verrühren und unter den Rucola mischen. Auf vier Tellern jeweils eine Handvoll Salat anrichten.

2 Den Mozzarella abtropfen lassen und jeweils eine Kugel Mozzarella pro Teller zum Rucola geben. Die Käsekugeln pfeffern und mit Olivenöl beträufeln.

3 Anschließend den Meeräschenrogen großzügig über den Mozzarella reiben und servieren.

Für 4 Personen

ZUPPA CAPRESE
von Joss Herd

ZUTATEN

- 1 Knoblauchknolle
- 4 getrocknete Tomaten, in Öl eingelegt
- 1 kg Tomaten verschiedener Sorte, gehäutet, Samen entfernt und in Scheiben geschnitten
- natives Olivenöl extra, zum Beträufeln + 3 EL Öl
- 1 EL Rohrohrzucker
- 50 g Basilikumblättchen + ein paar Blättchen zum Bestreuen
- 2 EL Rotweinessig
- 4 Scheiben Sauerteigbrot
- 2 Kugeln (à 125 g) Büffelmozzarella
- Salz und Pfeffer

Das Trio aus Tomaten, Mozzarella und frischem Basilikum zaubert die Sonne Capris auf den Teller. Servieren Sie die leckere Tomatensuppe bei Zimmertemperatur mit gegrilltem Ciabatta.

1 Den Backofen auf 200 °C vorheizen. Die Knoblauchknolle quer halbieren und die getrockneten Tomaten gut abtropfen lassen.

2 Frische Tomaten und Knoblauch in eine große Auflaufform geben. Mit 1 Esslöffel Olivenöl beträufeln und etwa 25 Minuten im Ofen garen. Anschließend abkühlen lassen.

3 Den Knoblauch schälen und durch eine Presse drücken. In eine Küchenmaschine geben und zusammen mit den gebackenen und den getrockneten Tomaten, Zucker, Basilikum, Essig und 3 Esslöffeln Olivenöl pürieren, bis eine glatte, flüssige Creme entsteht.

4 Die Brotscheiben im Ofen von beiden Seiten einige Minuten rösten.

5 Die Suppe mit Salz und Pfeffer abschmecken, in tiefe Teller füllen und je eine halbe Mozzarellakugel dazugeben. Mit Olivenöl beträufeln und mit Basilikumblättchen bestreuen. Mit dem gerösteten Brot servieren.

Für 4 Personen

BURRATA MIT TOMATE UND BASILIKUM
von Laura Fyfe

> **Burrata** ist ein italienischer Frischkäse, ähnlich wie Mozzarella, nur mit einem viel cremigeren, ja fast sahnigen Kern. Ursprünglich stammt er aus den Städtchen Andria und Corato in Apulien.

ZUTATEN

- ¼ Ciabatta
- 2 große reife Ochsenherztomaten
- 12 Kirschtomaten
- 1 EL natives Olivenöl extra + Öl zum Beträufeln
- 1 Burrata, in Stücke zerteilt
- Basilikumblättchen, zum Bestreuen
- Salz und Pfeffer

1 Das Ciabatta in kleine Stücke zerteilen. Die Ochsenherztomaten in dünne Scheiben schneiden, die Kirschtomaten halbieren.

2 Den Backofen auf 200°C vorheizen. Die Brotstücke in Olivenöl wenden, würzen und auf einem mit Backpapier ausgelegten Backblech verteilen. Etwa 15 Minuten in den vorgeheizten Ofen schieben, bis aus den Brotstückchen goldgelbe Croûtons geworden sind.

3 In der Zwischenzeit die Tomatenscheiben auf einem Servierteller anrichten. Burrata, Basilikum und Kirschtomatenhälften daraufsetzen. Mit Olivenöl beträufeln und mit Salz und Pfeffer abschmecken. Vor dem Servieren mit den Croûtons bestreuen.

Für 4 bis 6 Personen

GEGRILLTER RADICCHIO MIT GORGONZOLA
von Georgie Socratous

ZUTATEN

- Olivenöl, zum Braten + Öl für das Dressing
- 1 rote Zwiebel, geschält und in feine Ringe geschnitten
- 4 EL Rosinen
- 1 EL Rotweinessig
- 100 g Gorgonzola, nach Geschmack auch etwas mehr zum Bestreuen
- Saft von ½ Zitrone
- 3 Köpfe Radicchio
- 2 EL Pinienkerne
- 1 Handvoll Rucola, gewaschen und trocken geschleudert
- Salz und Pfeffer

1 Den Backofengrill einige Minuten lang auf hoher Stufe vorheizen.

2 Etwas Olivenöl in einer beschichteten Pfanne auf mittlere Hitze erwärmen und darin die Zwiebelringe 10 Minuten braten, bis sie weich werden und anfangen zusammenzukleben, aber noch keine Farbe annehmen. Die Rosinen zugeben und 1–2 Minuten weiterbraten. Mit Essig ablöschen und dann die Pfanne vom Herd nehmen.

3 Den Gorgonzola in eine Schüssel krümeln, den Zitronensaft und einige Esslöffel Öl zugeben. Alles kräftig mit Salz und Pfeffer würzen und zu einer glatten Creme verrühren. Falls nötig, mit etwas Wasser verdünnen.

4 Den Radicchio in etwa 3 cm dicke Scheiben schneiden. Auf ein Grillrost legen und in den vorgeheizten Ofen schieben. Die Scheiben nach einigen Minuten wenden und weitere 2 Minuten grillen. Aus dem Ofen nehmen und in eine Schüssel geben. Zwiebeln und Rosinen zufügen.

5 Pinienkerne in einer beschichteten Pfanne ohne Fett anrösten. Zum Radicchio geben und untermischen.

6 Den Salat auf eine Servierplatte oder einem Teller anrichten und die Gorgonzolasauce darüber verteilen. Mit dem Rucola und nach Geschmack mit etwas zerkrümeltem Gorgonzola bestreuen. Sofort servieren.

Für 4 bis 6 Personen

RICOTTAFLADEN MIT PINIENKERNEN
von Christina Mackenzie

Schnell zubereitet, günstig und außerdem superlecker: Dieses Rezept ist nicht umsonst ein Klassiker!

ZUTATEN

- 250 g große Tomaten
- Olivenöl, zum Beträufeln und Braten
- 100 g Mehl
- 1 TL Trockenhefe
- 250 ml Milch
- 1 Ei
- 1 Handvoll Pinienkerne
- 125 g Ricotta
- 1 walnussgroßes Stück Butter
- 400 g zarter Spinat, blanchiert
- 1 Handvoll Rucola, gewaschen und geputzt
- frisch geriebener Parmesan, zum Bestreuen
- 1 Bio-Zitrone, geviertelt
- Salz

1 Den Backofen auf 130 °C vorheizen. Die Tomaten halbieren und mit der Schnittfläche nach oben gleichmäßig in eine ofenfeste Form schichten. Mit Olivenöl beträufeln und salzen. Die Tomaten im vorgeheizten Ofen 3–4 Stunden garen, bis sie keine Flüssigkeit mehr enthalten. Dann abkühlen lassen.

2 Das Mehl in einer Schüssel mit der Trockenhefe vermischen. Milch, Ei und 1 Prise Salz untermischen und alles so lange mit einem Schneebesen schlagen, bis eine glatte Masse entsteht. Die Pinienkerne und den Ricotta zugeben und gut vermischen.

3 Etwas Öl in einer Pfanne erhitzen und darin die Butter bei mittlerer Hitze schmelzen. Je 1 Esslöffel Teig in die Pfanne geben und rundum in wenigen Minuten goldgelb braten. So weiterverfahren, bis der gesamte Teig aufgebraucht ist. Die fertigen Fladen auf ein Backblech legen und im vorgeheizten Ofen warm stellen.

4 Den Spinat und den Rucola in einer Schüssel miteinander vermengen und dann auf den Fladen verteilen. Die Fladen auf Tellern anrichten und die Tomaten darübergeben. Mit Parmesan bestreuen und mit den Zitronenvierteln servieren.

Für 4 Personen

PANZANELLA MIT RIND
von Holly O'Neill

ZUTATEN

- 200 g Blumenkohl, geputzt
- 2 große Knoblauchzehen
- 4 Sardellenfilets
- 3 Zweige Rosmarin
- 1 Bio-Zitrone
- 100 g im Ofen geröstete Stückchen Weißbrot oder große Croûtons
- 2 große Handvoll Rucola
- die Blätter von 1 Trevisano (eine Art länglicher Radicchio)
- 6 EL natives Olivenöl extra
- 2 Rindersteaks (à 150 g)
- Salz und Pfeffer

Bei diesem All-in-One-Gericht, das von dem italienischen Brotsalat (Panzanella) inspiriert ist, verbindet sich der süß-salzige Geschmack der Sardellen fantastisch mit dem Rindersteak.

1 Den Blumenkohl in Röschen zerteilen. Die Knoblauchzehen schälen und in feine Scheiben schneiden. Die Sardellenfilets abtropfen lassen und fein hacken. Die Nadeln von den Rosmarinzweigen zupfen und ebenfalls fein hacken.

2 Von der Zitrone vier breite Zesten abziehen und diese in feine Streifen schneiden. Die Zitrone auspressen und den Saft beiseitestellen. Geröstete Brotstückchen, Rucola und die Blätter des Trevisano in eine große Schüssel geben und vermischen.

3 Die Blumenkohlröschen in sprudelnd kochendem Salzwasser etwa 3 Minuten blanchieren (er soll noch Biss haben), dann abgießen. Den Topf abtrocknen, das Olivenöl hineingeben und erhitzen. Knoblauch, Sardellen, Zitronenzesten und Rosmarin zugeben und bei mittlerer Hitze andünsten, bis der Knoblauch weich und goldgelb ist und die Sardellen ein wenig am Topfboden haften. Mit 1 Spritzer Zitronensaft ablöschen und vom Herd nehmen.

4 Den Blumenkohl in den Topf geben und vorsichtig mit der Sauce vermengen. Dann in die Schüssel zu den Salatblättern und den Brotstückchen geben und behutsam vermengen. Das Knoblauch-Sardellen-Öl dabei im Topf belassen.

5 Die Steaks mit Salz und Pfeffer würzen und nach Geschmack auf dem heißen Grill oder in der Pfanne braten. Anschließend auf ein Brett legen und einige Minuten ruhen lassen, dann in Streifen schneiden.

6 Den Salat auf Teller verteilen und die Rindfleischstreifen darauf anrichten. Mit dem Knoblauch-Sardellen-Öl beträufeln und sofort servieren.

Für 4 Personen

CARPACCIO
von Kate McCullough

ZUTATEN

- 500 g Rinderfilet
- 4 Zweige Rosmarin
- 3 EL natives Olivenöl extra + Öl zum Beträufeln
- 2 Handvoll Rucola
- frische Parmesanspäne, zum Bestreuen
- Salz und Pfeffer

Das Rindfleisch am besten mit geröstetem Brot und einem guten Rotwein servieren!

1 Fett und Sehnen vom Filetstück entfernen. Die Nadeln von den Rosmarinzweigen zupfen, fein hacken und auf einen Teller geben. Den Rosmarin mit Salz und Pfeffer würzen und gut vermengen. Das Olivenöl in einen tiefen Teller geben. Das Fleisch erst in dem Öl, dann rundum in der Rosmarin-Würzmischung wenden.

2 Eine Pfanne bei starker Hitze erwärmen und das Fleisch darin von beiden Seiten je 1 Minute anbraten.

3 Das angebratene Fleisch kurz ruhen lassen und dann mit einem großen, scharfen Messer so dünn wie möglich aufschneiden. Die einzelnen Scheiben mit der Messerklinge plattieren.

4 Auf vier Tellern ein Bett aus Rucola anrichten und das Fleisch darauf verteilen. Etwas Olivenöl darüberträufeln und mit Parmesan bestreuen.

PRIMI PIATTI: PASTA

REZEPTE

Linguine mit Krabben • Spaghetti mit Hackfleischbällchen • Pasta mit grünen Oliven • Tagliatelle mit Artischocken, Pecorino und Prosciutto • Puttanesca-Sauce • Spaghetti all'Amatriciana

Für 4 Personen

LINGUINE MIT KRABBEN
von Kate McCullough

ZUTATEN

- 2 Knoblauchzehen
- 280 g Artischockenherzen (aus dem Glas)
- 250 g Krabbenfleisch (frisch, TK-Ware oder aus dem Glas)
- 1 Bund Petersilie
- 400 g Linguine
- 2 EL Olivenöl
- 1 TL Chilipulver
- fein abgeriebene Schale und Saft von 1 Bio-Zitrone
- 1 walnussgroßes Stück Butter

© Carolyn Barber

1 Die Knoblauchzehen schälen und zerdrücken. Die Artischockenherzen abtropfen lassen und klein schneiden. Die Krabben abtropfen lassen (sofern es keine frische Ware ist). Die Petersilie waschen und fein hacken.

2 In einem großen Topf Salzwasser zum Kochen bringen und die Pasta darin nach Packungsanweisung al dente (bissfest) kochen.

3 Das Olivenöl in einer großen Pfanne erhitzen. Den Knoblauch darin zusammen mit dem Chilipulver anbraten, bis der Knoblauch aromatisch duftet.

Nun die Artischocken zugeben und einige Minuten mit anbraten. Die Hitze etwas reduzieren. Dann Krabbenfleisch, abgeriebene Zitronenschale und Zitronensaft zugeben. Zum Schluss die Butter zugeben.

4 Die Pasta abgießen, dabei etwas von dem Kochwasser aufheben und zu den anderen Zutaten in die Pfanne geben. Alles gut vermengen. Bei Bedarf noch etwas mehr von dem Kochwasser zugeben, damit die Sauce schön geschmeidig wird. Die Pfanne vom Herd nehmen. Pasta mit Petersilie bestreuen, untermischen und servieren.

Für 4 Personen

SPAGHETTI MIT HACKFLEISCHBÄLLCHEN
von Jamie Oliver

ZUTATEN

- 1 rote Zwiebel
- 1 Knoblauchzehe
- 3–5 Petersilienstängel
- Olivenöl, zum Braten
- 350 g Rinderhackfleisch
- 50 g Paniermehl
- 1 Eigelb
- 1 Prise frisch geriebene Muskatnuss
- 800 g Tomatenstücke (aus der Dose)
- 300 g Spaghetti
- 200 g Erbsen und weiße Bohnen (frisch oder TK-Ware)
- frisch geriebener Parmesan, zum Bestreuen (nach Geschmack)
- Salz und Pfeffer

© David Loftus

1 Die Zwiebel schälen und fein hacken. Die Knoblauchzehe schälen und in feine Scheiben schneiden. Die Blättchen von den Petersilienstängeln zupfen. Alles beiseitestellen.

2 Etwas Öl in einer Pfanne erhitzen und die Zwiebel darin anschwitzen, bis sie weich wird und Farbe bekommt. Zwiebel in eine Schüssel geben und etwas abkühlen lassen. Hackfleisch, Paniermehl, Eigelb, Muskatnuss und Petersilie zugeben. Alles vermengen und nach Geschmack salzen und pfeffern. Aus der Hackfleischmasse zwölf gleich große Bällchen formen.

3 Etwas Öl in einer großen Pfanne erhitzen und darin die Fleischbällchen rundum goldbraun anbraten. Den Knoblauch zugeben und mitbraten, bis er leicht gebräunt ist. Dann die Tomaten und etwa 150 ml Wasser hinzufügen. Mit Salz und Pfeffer würzen und bei niedriger Hitze etwa 30 Minuten köcheln lassen, bis die Sauce etwas reduziert ist. Dabei die Fleischbällchen mehrmals wenden.

4 Die Spaghetti nach Packungsanweisung in reichlich Salzwasser al dente (bissfest) kochen. Erbsen und Bohnen 1–2 Minuten vor Ende der Kochzeit zugeben. Gemüse und Pasta abgießen und abtropfen lassen.

5 Pasta, Erbsen und Bohnen mit der Tomatensauce und den Fleischbällchen vermengen. Nach Geschmack mit Parmesan bestreuen. Sofort servieren.

Für 4 Personen

PASTA MIT GRÜNEN OLIVEN
von Andy Harris

ZUTATEN

- 250 g frische oder getrocknete Pasta
- 2 große Knoblauchzehen
- 150 g grüne Oliven in Salz, ohne Stein (aus dem Glas)
- 3 EL Olivenöl
- 8 EL Passata (siehe Kastentext rechts)
- Salz und Pfeffer

> Als **Passata** bezeichnet man in Italien passierte Tomaten, deren Konsistenz zwischen Tomatensauce und Tomatenmark liegt. Dazu werden gehäutete und entkernte Tomaten eingekocht, gewürzt und püriert. Passata erhält man im Handel gebrauchsfertig im Glas oder Tetrapack.

1 In einem großen Topf reichlich Salzwasser zum Kochen bringen, die Pasta hineingeben und nach Packungsanweisung al dente (bissfest) kochen, dann abgießen und abtropfen lassen.

2 Die Knoblauchzehen schälen. Die Oliven fein hacken und etwas von der Salzlake aufheben.

3 Das Olivenöl in einer Pfanne erhitzen und darin den Knoblauch anschwitzen. Die Oliven zugeben, salzen, pfeffern und 2 Minuten unter Rühren mitbraten.

4 Die Passata und die Salzlake der Oliven zugeben und alles weitere 5 Minuten köcheln. Die Olivensauce mit der heißen Pasta servieren.

Für 4 bis 6 Personen

TAGLIATELLE MIT ARTISCHOCKEN, PECORINO UND PROSCIUTTO
von Pete Begg

ZUTATEN

- 1–2 EL Butter
- 6 Artischockenherzen
- 6 Knoblauchzehen, geschält und in feine Scheiben geschnitten
- 60 g Crème fraîche (35 % Fett)
- frisch geriebener Pecorino, zum Bestreuen
- Saft von ½ Zitrone
- ½ Bund glatte Petersilie, gehackt
- 6 Scheiben Prosciutto (italienischer luftgetrockneter Schinken)
- Salz und Pfeffer

Für die frische Pasta

- 4 Eier + 2 Eigelb
- 200 g Mehl (Typ 405 oder 550) + etwas Mehl zum Bestäuben
- 300 g feiner Weizengrieß + etwas Grieß für die Arbeitsfläche

1 Zuerst die Pasta zubereiten. Dazu alle Zutaten in einer Küchenmaschine vermengen, bis ein homogener Teig entsteht. Aus dem Teig eine Kugel formen und diese auf eine saubere Arbeitsfläche setzen. Den Teig etwa 10 Minuten mit den Händen durchkneten, bis er sich kompakt von der Arbeitsfläche löst und glänzt. Wenn nötig, etwas Weizengrieß zugeben.

2 Den Teig zu einer Kugel formen, in Frischhaltefolie wickeln und 30 Minuten ruhen lassen. Den Teig durch eine Nudelmaschine drehen (den Walzenabstand nicht zu eng einstellen) und den Teig in etwa 5 mm breite Streifen schneiden. Mit etwas Mehl bestäuben und auf ein Brett legen.

3 Die Butter in einem großen Topf schmelzen. Die Artischockenherzen grob hacken und in den Topf geben. Den Knoblauch hinzufügen und etwa 1 Minute mitbraten (der Knoblauch soll dabei keine Farbe annehmen). Nun 200 ml Wasser angießen und mit Salz und Pfeffer würzen. Den Deckel auflegen und bei niedriger Hitze etwa 10 Minuten köcheln, bis die Artischocken gar sind. Die restliche Flüssigkeit bis auf wenige Esslöffel einkochen.

4 Die Crème fraîche zugeben, alles zum Kochen bringen und 2 Minuten köcheln lassen. Die Artischockenstücke mit dem Gabelrücken grob zerdrücken. Die Hitze reduzieren und den Deckel auflegen.

5 Tagliatelle in kochendem Salzwasser 3 Minuten kochen, dann abgießen (dabei eine Tasse von dem Kochwasser aufheben). Pasta zu den Artischocken geben und mit der Sauce vermengen. Etwas Kochwasser beigeben, falls die Sauce zu trocken zu sein scheint. Mit Pecorino bestreuen, salzen und pfeffern. Den Zitronensaft zugeben. Die Pasta auf die Teller verteilen, mit Petersilie bestreuen und mit Schinken belegen. Vor dem Servieren mit dem restlichen Pecorino bestreuen.

Für 4 Personen

PUTTANESCA-SAUCE
von Rebecca Rauter

ZUTATEN

- 4 große Tomaten, enthäutet und die Samen entfernt
- 100 g getrocknete Tomaten, in Öl eingelegt
- 2 Knoblauchzehen
- 4 Sardellenfilets
- 1 Prise Chilipulver
- 50 g schwarze Oliven, ohne Stein
- 1 EL Kapern (aus dem Glas)
- 1 Handvoll Basilikumblätter
- 3 EL Olivenöl
- Salz und Pfeffer

© Will Heap

1 Die frischen Tomaten in Viertel schneiden, die getrockneten grob hacken. Die Knoblauchzehen schälen und in einem Mörser leicht zerstoßen. Die Sardellenfilets abtropfen lassen. Die Oliven grob hacken und die Kapern abtropfen lassen. Die Basilikumblätter waschen und grob zerpflücken.

2 Frische und getrocknete Tomaten, Knoblauch und Sardellen zusammen mit dem Chilipulver in eine Küchenmaschine geben und kurz zerkleinern (nicht übertreiben – es soll auf keinen Fall Püree daraus werden!).

3 Die Puttanesca-Sauce in einer Schüssel mit den Oliven, den Kapern und dem Olivenöl vermischen und mit Salz und Pfeffer abschmecken. Mit Basilikum bestreuen und mit frisch gekochter Pasta servieren.

Diese pikante Tomatensauce stammt aus dem Ort Amatrice in der Region Latium. Traditionell wird sie mit Guanciale zubereitet, einem aus der Schweinebacke hergestellten Speck. Man isst sie üblicherweise mit langen, hohlen Pastasorten.

Für 4 Personen

SPAGHETTI ALL' AMATRICIANA
von Andy Harris

© Con Poulos

ZUTATEN

- 2 Knoblauchzehen
- 1 große Zwiebel
- 150 g Pancetta (Bauchspeck vom Schwein)
- 10 frische Tomaten oder 600 g Kirschtomaten aus der Dose
- 3 EL Olivenöl
- 100 ml Weißwein
- ½ TL Chilipulver oder 1 frische Chilischote, Samen entfernt und sehr fein gehackt
- 250 g Pasta (Ziti oder Bucatini)
- frisch geriebener Pecorino, zum Bestreuen
- Salz und Pfeffer

1 Knoblauch und Zwiebel schälen und getrennt voneinander fein hacken. Pancetta in kleine Würfel schneiden.

2 Die frischen Tomaten, falls verwendet, kurz in kochendes Wasser tauchen, enthäuten, entkernen und in Viertel schneiden.

3 Das Öl in einem Topf erhitzen und die Zwiebel darin 3 Minuten weich dünsten. Pancetta und Knoblauch zugeben und 5 Minuten braten. Den Wein zugießen und weitere 5 Minuten köcheln, bis er verdampft ist.

4 Tomaten und Chili zugeben, großzügig salzen und pfeffern. Bei niedriger Hitze etwa 30 Minuten köcheln lassen.

5 Inzwischen die Pasta zubereiten. Mit der Sauce und dem Pecorino servieren.

SECONDI PIATTI: HAUPTGERICHTE

REZEPTE

Frittierte Polentawürfel • Pane cunzato • Pizza mit Brokkoli und Salsiccia • Pizza mit Kartoffeln und Taleggio • Pizza mit Pepperonisalami • Auberginen mit Parmesan • Ricotta-Spinat-Lasagne • Portionierte vegetarische Lasagne • Kartoffel-Fenchel-Gratin mit Taleggio • Involtini di manzo • Focaccia mit Tomate, Knoblauch und Rosmarin • Spargelrisotto • Seehecht mit geschmorten Artischocken, Erbsen und Speck • Gratinierte Kohlsuppe mit Fontina

Für 4 Personen

FRITTIERTE POLENTAWÜRFEL
von Jamie Oliver, Gennaro Contaldo und Jules Hunt

ZUTATEN

- 2 l Gemüsebrühe
- 300 g Polenta
- 30 ml Olivenöl
- 50 g frisch geriebener Parmesan + Parmesan zum Servieren
- 1 Zweig Rosmarin
- Pflanzenöl, zum Anbraten
- Salz und Pfeffer

Für das Rosmarinsalz

- 2 Zweige Rosmarin
- 50 g Meersalz

1 Zuerst das Rosmarinsalz zubereiten. Dazu die Nadeln von den Rosmarinzweigen abzupfen und mit 1 Teelöffel Salz in einem Mörser zerstoßen, sodass sie ihr volles Aroma entfalten. Dann das restliche Salz hinzufügen.

2 Nun die Gemüsebrühe in einem Topf zum Kochen bringen, die Polenta zugeben und 10–15 Minuten kochen, dabei ununterbrochen rühren. Vom Herd nehmen, Olivenöl und Parmesan zugeben und mit Salz und Pfeffer würzen. Die Polenta in eine Form (30 × 20 cm) füllen. Abkühlen lassen, dann in den Kühlschrank stellen.

3 Das Pflanzenöl etwa 1 cm hoch in eine Pfanne geben und stark erhitzen. Die Polenta in Würfel von 3 cm Seitenlänge schneiden und in der Pfanne rundum leicht goldgelb frittieren. Die Nadeln von dem Rosmarinzweig zupfen und zugeben. Die Polentawürfel weiterbraten, bis sie goldbraun sind. Mit einem Schaumlöffel herausheben und auf Küchenpapier abtropfen lassen. Mit Rosmarinsalz, Parmesan und dem frittierten Rosmarin bestreuen. Sofort servieren.

Der Klassiker aus Italien: Polenta

Schon seit Mitte des 17. Jahrhunderts schätzt man in Italien die Polenta (Maisgrieß). Damals wurde die Maispflanze aus Amerika eingeführt. In Norditalien serviert man Polenta – obligatorisch – vor der Pasta! Gute 45 Minuten muss man rühren, wenn sie gelingen soll. Traditionell wechseln sich die Familienmitglieder ab, wenn die Maismischung im *paiolo*, einem speziellen Kessel, mit einem Holzlöffel umgerührt werden muss. Polenta kommt frisch zubereitet auf den Tisch oder man lässt sie abkühlen und hart werden, schneidet sie in Stücke und frittiert oder grillt diese. In Venetien stellt man die delikate *polenta bianca* mit Maismehl her, in der Lombardei gibt man der *polenta nera* für einen nussigeren Geschmack Buchweizen bei. Polenta ist ein absolut vielseitiges Gericht, das zu Fleisch und Fisch ebenso passt wie zu Meeresfrüchten oder Käse.

Für 2 Personen

PANE CUNZATO
von Andy Harris

ZUTATEN

- 4 EL grüne Oliven, ohne Stein
- 40 Kirschtomaten
- 1 rote Zwiebel
- 12 Sardellenfilets, in Öl eingelegt
- 2 EL Kapern aus dem Glas
- 6–8 Stängel Basilikum
- 1 rundes Ciabatta-Brot
- 4 EL natives Olivenöl extra + etwas Öl zum Würzen und Beträufeln
- 1 TL getrockneter Oregano
- 1 TL Chilipulver oder 1 frische Chilischote, Samen entfernt und sehr fein gehackt
- Salz und Pfeffer

Das Rezept für Pane cunzato (mit Olivenöl und getrocknetem Oregano eingeriebenes Brot) stammt ursprünglich aus Sizilien, genauer gesagt aus dem Café »Da Alfredo« in Lingua auf den Liparischen Inseln. Dort serviert man das Brot mit Auberginen, Käse, Meeresfrüchten und Kapern.

1 Die Oliven grob hacken. Die Tomaten halbieren. Die Zwiebel schälen und in feine Ringe schneiden. Die Sardellenfilets gut abtropfen lassen. Die Kapern unter fließendem Wasser abspülen und ebenfalls abtropfen lassen. Die Blättchen von den Basilikumstielen abzupfen und 4 Teelöffel davon fein hacken. Die übrigen Basilikumblättchen ganz lassen und beiseitelegen.

2 Das Brot quer in zwei Hälften teilen und mit Olivenöl und getrocknetem Oregano einreiben. Jeweils 1 Brothälfte auf einen Teller legen.

3 Oliven, Tomatenhälften und Zwiebelringe in einer Schüssel vermischen. Großzügig mit Olivenöl, Salz und Pfeffer würzen.

4 Die Mischung auf den Brothälften verteilen. Mit Sardellenfilets, Kapern und gehacktem Basilikum belegen und mit Chilipulver bestreuen. Etwas Olivenöl darüberträufeln und mit den restlichen Basilikumblättern bestreuen.

© Sam Stowell

Für 6 bis 8 Pizzas

PIZZA MIT BROKKOLI UND SALSICCIA
von Jamie Oliver

ZUTATEN

- 1 kg Mehl (Typ 550) oder 800 g Mehl (Typ 550) gemischt mit 200 g feinem Grieß + Mehl zum Bestäuben der Arbeitsfläche
- 1 EL Salz
- 2 Päckchen Trockenhefe
- 2 TL Zucker
- 4 EL Olivenöl + Öl zum Einfetten

Für die Tomatensauce

- Olivenöl, zum Braten
- 4 Knoblauchzehen, geschält und in feine Scheiben geschnitten
- 1 Bund Basilikum, nur die Blättchen verwenden
- 1,2 kg Roma-Tomaten (aus der Dose)
- Salz und Pfeffer

Für den Belag

- 2 Brokkoli, geputzt, Stiele und Röschen grob zerkleinert, blanchiert und gut abgetropft
- 8 Sardellenfilets, in kleine Stücke geschnitten
- 4–6 Salsicce (italienische, pikant gewürzte Würste), gehäutet und das Brät zu Bällchen geformt
- 300 g Taleggio (norditalienischer Weichkäse), fein aufgeschnitten
- 2 rote Chilischoten, Samen entfernt und fein gehackt
- 2 EL Fenchelsamen, zerstoßen

1 Zuerst die Tomatensauce zubereiten. Dazu reichlich Olivenöl in einer Pfanne erhitzen und darin den Knoblauch braten, bis er etwas Farbe annimmt. Die Basilikumblättchen zerpflücken und zusammen mit den Tomaten zugeben. Die Tomaten mit einem Holzlöffel zerdrücken. Mit Salz und Pfeffer würzen. Sobald die Sauce anfängt zu kochen, den Topf vom Herd nehmen. Die Sauce durch ein Sieb in eine Schüssel streichen, dabei die größeren Tomatenstücke mit einem Löffel so gut es geht durch das Sieb drücken.

2 Die Sauce wieder in den Topf füllen und zum Kochen bringen, dann die Hitze reduzieren und die Sauce weitere 5 Minuten köcheln lassen, bis sie die perfekte Konsistenz hat, um sie auf dem Pizzaboden zu verteilen.

3 Nun den Pizzateig zubereiten. Dazu das Mehl zusammen mit dem Salz auf eine saubere Arbeitsfläche sieben. In die Mitte eine Mulde drücken. In einer Schüssel Hefe, Zucker und Olivenöl mit etwa 650 ml lauwarmem Wasser vermengen und ein paar Minuten ruhen lassen. Dann die Mischung in die Teigmulde gießen. Mit einer Gabel nach und nach das umgebende Mehl einmischen. Wenn der Teig beginnt, Form anzunehmen, kräftig mit den Händen durchkneten, bis der Teig glatt und geschmeidig ist.

4 Eine große Schüssel mit Mehl bestäuben, die Teigkugel hineinsetzen und mit einem feuchten Geschirrtuch bedecken. An einem warmen Ort etwa 1 Stunde ruhen lassen, bis der Teig sein Volumen verdoppelt hat. Dann den Teig auf eine gemehlte Arbeitsfläche setzen und erneut durchkneten, damit die Luft entweichen kann. Den Teig entweder sofort weiterverarbeiten oder in Frischhaltefolie wickeln und im Kühlschrank oder Eisfach aufbewahren.

5 Den Pizzateig in sechs bis acht gleich große Teiglinge teilen und idealerweise 15–20 Minuten vor dem Backen mit einem Nudelholz ausrollen. Alufolie in Größe der Pizzaböden zuschneiden und mit Öl einfetten. Die Böden mit jeweils einem Stück eingeölter Alufolie dazwischen aufeinanderlegen. Das Ganze in Frischhaltefolie wickeln und in den Kühlschrank legen. In der Zwischenzeit einen herkömmlichen Backofen mit zwei Blechen oder einen Holzofen auf höchster Stufe vorheizen.

6 Die Bleche aus dem heißen Ofen nehmen und zwei ausgerollte Teiglinge darauflegen. Mit etwas Tomatensauce bestreichen, mit Brokkoli, Sardellen, Salsiccie und Taleggio belegen und mit Chili und Fenchelsamen bestreuen.

7 Die Pizzaböden nacheinander im herkömmlichen Ofen 8–10 Minuten backen, im Holzofen 3–4 Minuten. Der Teig sollte dabei leicht aufgehen und schön knusprig werden, der Käse eine goldgelbe Farbe haben.

Für 4 Pizzas

PIZZA MIT KARTOFFELN UND TALEGGIO
von Kate McCullough

ZUTATEN

- 350 g festkochende Kartoffeln
- 4 Zweige Thymian
- 2 Zweige Rosmarin
- 1 große Zwiebel
- Olivenöl, zum Braten + etwas Öl zum Beträufeln
- 200 g Taleggio (norditalienischer Weichkäse), grob zerkleinert
- 4 EL Crème fraîche (nach Geschmack)
- Salz und Pfeffer

Für den Teig
- 500 g Mehl (Typ 550) oder eine Mischung aus Mehl (Typ 550) und Vollkornmehl
- 1 Päckchen Trockenhefe
- 2 TL Zucker
- 1 TL Salz
- 3 EL natives Olivenöl extra

> Jamies Tipp fürs Pizzabacken: »Den Teig eher dünn ausrollen und nicht überladen. Lieber ein wenig mit dem Belag geizen, damit die Pizza schön knusprig wird und die Aromen richtig zur Geltung kommen. Zum Backen eignet sich am besten ein Holzofen. Sie können aber auch in einen Pizzastein investieren.«

1 Zuerst den Teig zubereiten. Dazu alle Zutaten in eine Schüssel geben und gründlich verkneten. Nur so viel lauwarmes Wasser zugeben, dass der Teig geschmeidig wird, aber nicht klebt und 10 Minuten durchkneten, dann mit einem sauberen Geschirrtuch bedecken und an einem warmen Ort etwa 1 Stunde ruhen lassen. Der Teig sollte sein Volumen verdoppeln.

2 Die Kartoffeln schälen und in dünne Scheiben schneiden. Thymianblättchen und Rosmarinnadeln abzupfen. Die Rosmarinnadeln grob hacken.

3 Den Backofen auf 230 °C vorheizen und die Blackbleche in den Ofen schieben, um sie vorzuheizen. Die Kartoffelscheiben etwa 5 Minuten in kochendem Salzwasser blanchieren, in ein Sieb abgießen und abtropfen lassen. Die Zwiebel schälen und in feine Ringe schneiden. Etwas Olivenöl in einer Pfanne erhitzen und darin die Zwiebelringe anschwitzen.

4 Den Teig noch mal gut durchkneten, damit die Luft entweichen kann, dann in vier Teiglinge teilen. Teiglinge etwa 3 mm dick ausrollen und mit Zwiebel, Kartoffel, Thymian, Rosmarin und Taleggio belegen und nach Geschmack etwas Crème fraîche darübergeben. Mit Salz und Pfeffer würzen und mit Olivenöl beträufeln.

5 Die Pizzaböden auf die heißen Backbleche legen (wenn Sie einen eher kleinen Ofen haben, werden Sie die Pizzas auf zwei Mal backen müssen) und im vorgeheizten Ofen etwa 8 Minuten backen, bis sie goldbraun und knusprig geworden sind und der Käse geschmolzen ist.

Für 2 Pizzas

PIZZA MIT PEPPERONISALAMI
von Georgie Socratous

ZUTATEN

- 1kg Mehl + Mehl zum Bestäuben der Arbeitsfläche
- 1 EL Salz
- 2 Päckchen Trockenhefe
- 1 EL Zucker
- 1 Bund Basilikum
- 2 Knoblauchzehen, geschält und in feine Scheiben geschnitten
- Olivenöl, zum Braten + Öl zum Einfetten und Beträufeln
- 800g Tomatenstücke (aus der Dose)
- 1 kleine rote Zwiebel, geschält und in feine Ringe geschnitten
- 120g Pepperonisalami, in dünne Scheiben geschnitten
- 2 Kugeln Mozzarella, grob zerteilt
- Salz und Pfeffer

Richtig zubereitet ist **selbst gemachte Pizza** etwas Wunderbares: schön knusprig, mit feiner Tomatensauce und aromatischem Belag von guter Qualität. Dieses Rezept ergibt die doppelte Teigmenge, die Sie benötigen. Frieren Sie den übrigen Teig einfach als Vorrat ein, um ein andermal eine leckere Variante zuzubereiten.

1 Für den Teig Mehl und Salz in eine Schüssel geben und vermischen. In die Mitte eine Mulde drücken. Hefe und Zucker in etwas lauwarmem Wasser auflösen und schaumig rühren, dann in die Mulde gießen. Das Mehl nach und nach in das Wasser schäufeln, bis ein glatter Teig entsteht. Dabei so viel Wasser zugeben wie nötig.

2 Eine saubere Arbeitsfläche mit etwas Mehl bestäuben, den Teig daraufsetzen und etwa 5 Minuten kneten, bis er glatt und elastisch ist. Zurück in die Schüssel geben, mit einem feuchten Geschirrtuch bedecken und 1 Stunde an einem warmen Ort gehen lassen, bis sich das Volumen verdoppelt hat.

3 Inzwischen die Tomatensauce zubereiten. Basilikumblätter von den Stängeln zupfen und Stiele und Blätter getrennt voneinander hacken. Etwas Olivenöl in einer großen Pfanne erhitzen und darin Knoblauch und Basilikumstiele anbraten. Die Tomaten zugeben und bei mittlerer Hitze 4–5 Minuten köcheln lassen, bis die Sauce leicht eindickt. Abkühlen lassen, dann pürieren und beiseitestellen. (Sie brauchen für zwei Pizzas nur die Hälfte der Sauce. Heben Sie die andere Hälfte einfach fürs nächste Mal auf.)

4 Den Backofen auf 250°C vorheizen. Den Teig mit der Faust bearbeiten, um die Luft herauszuschlagen, dann in zwei Teiglinge aufteilen. Einen davon einfrieren, den anderen halbieren und in zwei Teigscheiben von etwa 40 cm Durchmesser ausrollen.

5 Zwei Backbleche mit Backpapier belegen und mit Öl einfetten. Die Teigscheiben darauflegen und dünn mit Tomatensauce bestreichen. Mit Zwiebel, Salami und Mozzarella belegen und mit Öl beträufeln. Die Pizzas 10–15 Minuten im vorgeheizten Ofen backen. Herausholen und mit den Basilikumblättern bestreuen. Zur Pizza einen Kressesalat servieren.

Für 4 bis 6 Personen

AUBERGINEN MIT PARMESAN
von Kate McCullough

ZUTATEN

- 1 kleine Zwiebel
- 2 Knoblauchzehen
- 1 kleiner Bund Basilikum, die Blättchen abgezupft, die Stängel klein geschnitten
- 2 Kugeln Mozzarella (à 125 g)
- 3 Auberginen, geputzt
- 3 EL Olivenöl + Öl zum Bestreichen
- 800 g Tomatenstücke (aus der Dose)
- 40 g frisch geriebener Parmesan
- Salz und Pfeffer

1 Zwiebel und Knoblauch schälen und fein hacken. Die Blättchen von den Basilikumstängeln zupfen und die Blätter grob hacken. Die Mozzarellakugeln in etwa 1 cm dicke Scheiben schneiden, die Auberginen längs in ebenfalls etwa 1 cm dicke Scheiben schneiden.

2 Den Backofen auf 190 °C vorheizen oder die Glut von einem Holzkohlegrill vorbereiten. In der Zwischenzeit das Olivenöl in einer Pfanne erhitzen und darin Zwiebel, Knoblauch und Basilikumsrängel etwa 7 Minuten anschwitzen. Die Tomaten zugeben. Großzügig mit Salz und Pfeffer würzen und etwa 20 Minuten köcheln lassen.

3 Die Auberginenscheiben mit Olivenöl bestreichen, salzen und pfeffern. Dann von jeder Seite 3–4 Minuten unter dem Backofengrill oder auf dem Grill eines Holzkohlegrills rösten.

4 Die weichen und gut gebräunten Auberginenscheiben in eine Auflaufform schichten. Abwechselnd Tomatensauce und Mozzarellascheiben darüberschichten – genau wie bei der Zubereitung einer Lasagne. Zwischen die einzelnen Schichten jeweils Basilikumblätter streuen. Zum Schluss Parmesan darüberstreuen.

5 Die Auflaufform für etwa 30 Minuten in den vorgeheizten Ofen schieben, bis der Käse goldbraun gratiniert ist. Der Auberginenauflauf kann kalt oder warm serviert werden.

Für 4 bis 6 Personen

RICOTTA-SPINAT-LASAGNE
von Kate McCullough

ZUTATEN

- 70 g Butter
- 50 g Mehl
- 800 ml Milch
- 1 Lorbeerblatt
- 800 g frischer Spinat, gewaschen und trocken geschleudert
- 200 g Ricotta
- 1 Prise Muskatnuss, frisch gerieben
- 300 g frische Lasagneblätter
- 100 g frisch geriebener Parmesan
- Salz und Pfeffer

1 Den Backofen auf 190 °C vorheizen. Zuerst die Béchamelsauce zubereiten. Dazu einen Topf erhitzen und darin 50 g Butter schmelzen, dann das Mehl einrühren und 1–2 Minuten kochen lassen. Die Milch nach und nach zugeben und mit einem Schneebesen verrühren, bis eine glatte Sauce entsteht. Mit Salz und Pfeffer würzen. Das Lorbeerblatt einlegen und etwa 5 Minuten köcheln lassen. Den Topf vom Herd nehmen und die Sauce abkühlen lassen.

2 Den Spinat zusammen mit der restlichen Butter in eine Pfanne geben und bei mittlerer Hitze mit aufgelegtem Deckel dünsten, bis der Spinat zusammenfällt. Etwas abkühlen lassen und die restliche Flüssigkeit herauspressen.

3 Den Spinat grob hacken und in einer Schüssel mit dem Ricotta vermengen. Einen Schöpflöffel von der Béchamelsauce. Mit Salz, Pfeffer und Muskatnuss abschmecken.

4 Die Mischung abwechselnd mit Lasagneblättern, Béchamelsauce, Spinat und Parmesan in eine Auflaufform schichten. Abschließend eine Schicht Lasagneblätter mit Sauce bedecken. Mit Parmesan bestreuen.

5 Die Lasagne etwa 30 Minuten im vorgeheizten Ofen backen, bis sie goldbraun ist. Heiß servieren.

Für 4 Personen

PORTIONIERTE VEGETARISCHE LASAGNE
von Susie Theodorou

Eines der Geheimnisse für eine perfekte Lasagne: Kochen Sie die Lasagneblätter vor, auch wenn das so nicht auf der Packungsanweisung steht.

ZUTATEN

- 1,2 kg Kirschtomaten, halbiert
- 5 Zweige Thymian, die Blättchen abgezupft
- 4 EL Olivenöl + Öl zum Braten
- 2 Schalotten
- 2 Knoblauchzehen
- 500 g frischer Spinat, gewaschen und trocken geschleudert
- 8–12 Lasagneblätter (frisch oder getrocknet)
- 350 g Ricotta
- Salz und Pfeffer

Für die Béchamelsauce
- 600 ml Milch
- 25 g Butter
- 2 EL Mehl
- 150 g harter, feiner Käse, gerieben
- 100 g Mozzarella, grob zerteilt
- Salz und Pfeffer

1 Den Backofen auf 170 °C vorheizen. Ein Backblech mit Backpapier belegen. Darauf die halbierten Tomaten mit der Schnittfläche nach oben setzen. Mit Thymianblättchen, Salz und Pfeffer bestreuen. Das Olivenöl darübergeben. Die Tomaten etwa 1 Stunde im Ofen garen, bis sie anfangen zu zerfallen.

2 Die Schalotten schälen und hacken. Den Knoblauch schälen und mit 1 Prise Salz in einem Mörser zerstoßen. Etwas Öl in einer Pfanne erhitzen und darin die Schalotten 5 Minuten anschwitzen, dann den Knoblauch zugeben und 1 Minute weiterbraten. Schalotte und Knoblauch aus der Pfanne nehmen.

3 Den Spinat in drei Portionen teilen und nacheinander in derselben Pfanne bei starker Hitze dünsten, bis er in sich zusammenfällt. So gut wie möglich das restliche Wasser herauspressen. Schalotten und Knoblauch zugeben, vermischen. Mit Salz und Pfeffer würzen, dann beiseitestellen.

4 Für die Béchamelsauce die Milch in einem großen Topf erwärmen, bis sie fast kocht, dann in eine Schüssel füllen. Den Topf trocknen und darin die Butter bei mittlerer Hitze schmelzen. Das Mehl hineinrühren und etwa 2 Minuten kochen lassen. Vom Herd nehmen und nach und nach die Milch einrühren. So lange rühren, bis eine glatte Sauce entsteht. Bei niedriger Hitze etwas eindicken lassen. Wieder vom Herd nehmen und die Hälfte des Käses und des Mozzarellas beigeben. Mit Salz und Pfeffer würzen.

5 Nun reichlich Salzwasser in einem großen Topf zum Kochen bringen und darin nacheinander jeweils zwei Lasagneblätter blanchieren (etwa 2 Minuten bei frischer, 6 Minuten

bei getrockneter Pasta). Die Lasagneblätter danach kurz in eine Schüssel mit Eiswasser tauchen und auf Küchenpapier abtropfen lassen.

6 Den Backofen auf 180 °C vorheizen. Je 1–2 Esslöffel Béchamelsauce in vier Auflaufförmchen oder gusseiserne Pfännchen geben und mit je einem Lasagneblatt bedecken. Ein wenig gegarte Tomaten und etwas Spinat darauflegen. Ricotta darüberbröckeln und ein weiteres Lasagneblatt darüberlegen. So lange wiederholen, bis alle Zutaten aufgebraucht sind. Mit Gemüse und Béchamelsauce abschließen.

7 Die Lasagne mit dem restlichen geriebenen Käse und dem Mozzarella bestreuen und etwa 30 Minuten im vorgeheizten Ofen backen, bis der Käse gratiniert und Blasen wirft. Vor dem Servieren etwa 10 Minuten ruhen lassen.

Für 4 bis 6 Personen

KARTOFFEL-FENCHEL-GRATIN MIT TALEGGIO
von Georgie Socratous

ZUTATEN

- 750 g Kartoffeln
- 2 Fenchelknollen, geputzt
- 4 Knoblauchzehen
- 2 Zwiebeln
- 3–5 Zweige Thymian
- 250 g Taleggio (norditalienischer Weichkäse)
- 70 g Butter
- Olivenöl, zum Braten
- Salz und Pfeffer

1 Die Kartoffeln schälen und in feine Scheiben schneiden. Den Fenchel in feine Scheiben schneiden. Knoblauch und Zwiebeln schälen und ebenfalls in feine Scheiben schneiden. Die Blättchen von den Thymianzweigen zupfen und einige Blättchen zum Garnieren zurücklegen. Ein Drittel des Taleggio aufschneiden, den Rest zerbröckeln.

2 Den Backofen auf 180 °C vorheizen. Die Kartoffelscheiben in einem großen Topf in sprudelndem Salzwasser etwa 3 Minuten blanchieren. Abgießen und auf Küchenpapier abtropfen lassen.

3 Den Topf erneut mit Wasser füllen und 1 Prise Salz zugeben. Das Wasser zum Kochen bringen und den Fenchel darin 2 Minuten blanchieren. Abgießen und abtropfen lassen.

4 Die Butter mit etwas Olivenöl in einer Pfanne schmelzen und den Knoblauch darin goldgelb anbraten. Dann die Pfanne vom Herd nehmen.

5 Die Hälfte der Kartoffelscheiben in eine Auflaufform (30 × 18 cm) schichten. Salzen und pfeffern, dann mit der Hälfte des Fenchels und der Zwiebelringe bedecken. Etwas von den Thymianblättchen und eine Schicht Taleggio-Scheiben darüberlegen. Die restlichen Zutaten auf dieselbe Weise in die Form schichten; die letzte Schicht sollte dabei aus zerbröckeltem Taleggio bestehen. Mit den zurückgelegten Thymianblättchen bestreuen.

6 Die Auflaufform mit Alufolie abdecken und im vorgeheizten Ofen etwa 45 Minuten backen, bis die Kartoffeln und der Fenchel schön weich und gar sind. Die Alufolie abnehmen und weitere 15 Minuten backen. Das Gratin sollte eine goldbraune Oberfläche bekommen und Blasen werfen.

Für 4 Personen

INVOLTINI DI MANZO
von Kate McCullough

ZUTATEN

- 8 Stück Rinderrouladen (à 60–70 g)
- 50 g Pinienkerne
- 4 Knoblauchzehen
- 2 Zweige Thymian
- 2 Stängel Petersilie
- 2 Zweige Rosmarin
- 3 Schalotten
- 70 g frisches Paniermehl
- 4 EL Rosinen
- Olivenöl, zum Würzen der Füllung
- 100 ml Weißwein
- 400 g Tomatenstücke (aus der Dose)
- Salz und Pfeffer

> Für diesen italienischen Klassiker gibt es ganz unterschiedliche Zubereitungsarten. Stets bildet aber ein hauchdünnes Stück Fleisch die Grundlage für *involtini*. Das Hähnchen-, Rind- oder Kalbfleisch wird dabei oft mit Kräutern, Gemüse, Käse, Knoblauch, Speck oder Salami gefüllt, zu einer Roulade aufgewickelt und dann im Ofen oder in der Pfanne gebraten. Manchmal bindet man die Füllung auch mit Ei. Vor dem Braten wendet man die Rouladen meist in Paniermehl oder gart sie wie in diesem Rezept in einer Sauce.

1 Die Rindfleischscheiben zwischen zwei Lagen Klarsichtfolie legen und vorsichtig mit einem Nudelholz oder einem Fleischklopfer plattieren.

2 Die Pinienkerne in einer Pfanne ohne Fett anrösten. Den Knoblauch schälen und hacken. Die Blättchen von den Thymian- und Petersilienstielen, die Nadeln von den Rosmarinstielen abzupfen und grob hacken. Die Schalotten schälen und fein hacken.

3 Pinienkerne, etwa drei Viertel des gehackten Knoblauchs, Kräuter, Paniermehl, Rosinen und etwas Olivenöl in einer Schüssel vermengen. Mit Salz und Pfeffer herzhaft würzen.

Jeweils 1 Esslöffel der Würzmischung in die Mitte jeder Roulade setzen. Die Fleischscheiben eng aufrollen und dann mit Zahnstochern oder mit Küchengarn fixieren.

4 Den Backofen auf 160 °C vorheizen. In der Zwischenzeit etwas Olivenöl in einer Pfanne mäßig stark erhitzen und darin die Rouladen rundum goldbraun anbraten. Die Schalotten und den restlichen Knoblauch zugeben. Alles 2–3 Minuten garen, dabei rühren, damit die Schalotten nicht anbrennen. Nun den Wein angießen und köcheln lassen, bis die Flüssigkeit um die Hälfte reduziert ist. Die Tomaten zugeben und mit Salz und Pfeffer würzen. Die Sauce zum Kochen bringen, dann vom Herd nehmen und in eine Auflaufform füllen. In den vorgeheizten Ofen schieben und darin etwa 1½ Stunden garen, bis das Fleisch weich ist und die Sauce eindickt. Mit grünem Salat servieren.

Für 6 bis 8 Personen

FOCACCIA MIT TOMATE, KNOBLAUCH UND ROSMARIN
von Ginny Rolfe

ZUTATEN

- Olivenöl, zum Einfetten und Beträufeln + 3 EL Öl für das Rosmarin-Knoblauch-Öl
- 1 kg Mehl (Typ 550) + Mehl zum Bestäuben der Arbeitsfläche
- 2 Päckchen Trockenhefe
- 1 TL flüssiger Honig
- 1 ganze Knoblauchknolle
- 5 Zweige Rosmarin
- 300 g Kirschtomaten, gewaschen
- Salz und frisch gemahlener schwarzer Pfeffer

1 Den Backofen auf 220 °C vorheizen und ein Backblech (40 × 25 cm) mit Öl einfetten. Das Mehl in eine große Schüssel geben und eine Mulde in die Mitte drücken. Hefe, Honig und 1 gute Prise Salz zugeben. Etwa 600 ml lauwarmes Wasser in die Mulde füllen. Wasser und Mehl mit einem Esslöffel vermengen, bis ein zäher Teig entsteht. Mit den Händen durchkneten. Falls der Teig zu trocken ist, noch bis zu 100 ml Wasser einarbeiten.

2 Eine saubere Arbeitsfläche mit Mehl bestäuben und den Teig durchkneten. Den Teig dabei auf der Arbeitsfläche mit einer Hand nach oben wegdrücken, gleichzeitig mit der anderen Hand nach unten ziehen. Den Teig kneten, bis er geschmeidig ist. Eine Kugel daraus formen und in eine Schüssel setzen. Mit einem Tuch bedecken und an einem warmen Ort 1 Stunde gehen lassen.

3 Die Knoblauchknolle schälen, in einzelne Zehen zerteilen und diese ebenfalls schälen. Die Nadeln von den Rosmarinstielen abzupfen. Rosmarin, Knoblauch und je 1 Prise Salz und Pfeffer in einen Mörser geben und fein zerstoßen. Das Olivenöl zugeben und alles zu einer Paste vermengen.

4 Sobald der Teig sein Volumen verdoppelt hat, wieder auf die Arbeitsfläche setzen, mit Mehl bestäuben und kräftig durchkneten. Dabei die Luft möglichst herausdrücken. Den Teig auf das Blech setzen und auseinanderziehen, bis er das ganze Blech bedeckt.

5 Den Teig mit dem Rosmarin-Knoblauch-Öl bestreichen. Mit den Fingern kleine Mulden in die Teigoberfläche drücken und die ganzen Kirschtomaten hineinsetzen. Dann den Teig erneut etwa 40 Minuten gehen lassen.

6 Anschließend das Blech in den vorgeheizten Ofen schieben und etwa 25 Minuten backen. Die Focaccia etwas abkühlen lassen und vor dem Servieren mit Olivenöl beträufeln.

Für 4 Personen

SPARGELRISOTTO
von Andy Harris

ZUTATEN

- 1 Zwiebel
- 4 Stangen Sellerie
- 2 Bund grüner Spargel
- 60 g Parmesan
- 1 Handvoll Minzeblättchen
- Olivenöl, zum Braten
- 600 g Risottoreis
- 250 ml Weißwein
- 700 ml heiße Hühner- oder Gemüsebrühe
- 100 g Butter
- fein abgeriebene Schale und Saft von 2 Bio-Zitronen
- Salz und Pfeffer

1 Die Zwiebel schälen und fein hacken. Den Sellerie waschen, putzen und in Scheiben schneiden. Die Spargelenden abschneiden und die Stangen in Stücke schneiden. Den Parmesan fein reiben. Die Minzeblätter fein hacken.

2 Etwas Olivenöl in einer großen Pfanne erhitzen und darin Zwiebel und Sellerie anbraten. Die Hitzezufuhr erhöhen und den Risottoreis einrühren.

3 Nun den Wein zugießen und so lange köcheln lassen, bis er fast vollständig verdampft ist. Danach den Spargel zugeben.

4 Eine Schöpfkelle voll Brühe angießen und einrühren. Die Brühe verkochen lassen, dann erst eine weitere Schöpfkelle voll Brühe zugeben. So verfahren, bis die Brühe aufgebraucht ist oder bis Reis und Spargel gar sind.

5 Die Pfanne vom Herd nehmen. Die Butter in kleinen Stücken in das Risotto rühren. Parmesan und Minze, Zitronenschale und -saft hinzufügen. Nach Geschmack mit Salz und Pfeffer würzen. Heiß servieren.

Für 8 bis 10 Personen

SEEHECHT MIT GESCHMORTEN ARTISCHOCKEN, ERBSEN UND SPECK
von Pete Begg

ZUTATEN

- 8 kleine Schalotten
- 4 Zweige Thymian
- 4 Artischockenherzen
- 3 Scheiben Pancetta (Bauchspeck vom Schwein)
- Olivenöl, zum Braten und zum Beträufeln
- 3 EL Sherryessig
- 200 ml Hühnerbrühe
- 1 Handvoll Erbsen (TK-Ware)
- 4 Seehechtfilets mit Haut (à 125 g)
- 1 Bio-Zitrone, in Viertel geschnitten
- Salz und Pfeffer

1 Die Schalotten schälen. Die Blättchen von den Thymianstielen zupfen. Die Artischockenherzen in sechs Teile schneiden, den Speck in etwa 2 cm dicke Streifen schneiden.

2 Etwas Olivenöl in einer Pfanne erhitzen. Die ganzen Schalotten und die Thymianblättchen darin etwa 10 Minuten bei niedriger Hitze anschwitzen (beides soll keine Farbe annehmen!). Die Artischocken und den Speck zugeben. Den Speck 5 Minuten anschwitzen, bis das Fett schmilzt.

Unglaublich vielseitig: Geschmorte Artischocken kann man als Vorspeise (Antipasto) oder als Beilage servieren.

3 Nun den Sherryessig zugeben und die Brühe angießen. Alles weitere 15 Minuten köcheln lassen, bis die Artischocken nachgeben, wenn man mit einem Messer hineinsticht. Die Erbsen hinzufügen. Sollte sich keine Flüssigkeit mehr im Topf befinden, etwas kochendes Wasser angießen. Weitere 6–8 Minuten kochen, bis die Erbsen weich sind, dann den Topf vom Herd nehmen. Mit Salz und Pfeffer würzen und abgedeckt beiseitestellen.

4 In der Zwischenzeit den Fisch zubereiten. Dazu etwas Olivenöl in einer beschichteten Pfanne erhitzen. Die Seehechtfilets salzen, pfeffern und mit der Hautseite nach unten in die Pfanne legen. Bei mittlerer bis starker Hitze etwa 3 Minuten braten, bis die Haut knusprig und goldbraun ist. Dann die Filets wenden und je nach Dicke 1–3 Minuten weiterbraten, damit der Fisch gut durchgebraten ist.

5 Zum Schluss großzügig Olivenöl über das Gemüse träufeln. Die geschmorten Artischocken mit den Fischfilets und den Zitronenvierteln servieren.

Für 4 Personen

GRATINIERTE KOHLSUPPE MIT FONTINA
von Georgie Socratous

ZUTATEN

- 800 g – 1000 g Grünkohl oder Cavolo nero (Schwarzkohl) oder eine Mischung aus beiden, geputzt
- 4 Knoblauchzehen
- 2 Zwiebeln
- 3–4 Stängel Salbei
- 2,5 l Gemüsebrühe
- Olivenöl, zum Braten und Beträufeln
- 4 Sardellenfilets, in Öl eingelegt, gut abgetropft
- 1 großes Pugliese (italienisches Weißbrot)
- 200 g frisch geriebener Fontina (norditalienischer Hartkäse)
- Salz und Pfeffer

1 Die Kohlblätter waschen und wie dicke Zigarren einrollen, dann in etwa 5 mm dicke Streifen schneiden. Knoblauch und Zwiebeln schälen und fein schneiden. Die Blätter von den Salbeistielen zupfen und einen Großteil davon in Streifen schneiden. Die restlichen Blätter beiseitelegen.

2 Die Brühe in einem großen Topf zum Kochen bringen. Die Kohlstreifen darin 5 Minuten blanchieren, dann abtropfen lassen. Die Brühe im Topf belassen.

3 Den Backofen auf 180 °C vorheizen. Reichlich Olivenöl in einer beschichteten Pfanne erhitzen und darin Knoblauch und Salbeiblätterstreifen anbraten, bis der Knoblauch goldgelb ist. Dann Zwiebeln und Sardellenfilets zugeben. Die Hitze reduzieren und alles weitere 10–15 Minuten braten, bis die Zwiebeln weich sind und die Sardellenfilets schmelzen. In eine Schüssel geben und mit dem blanchierten Kohl vermengen. Mit Salz und Pfeffer herzhaft würzen.

4 Das Weißbrot in 12–15 Scheiben schneiden und im Toaster rösten. Die Hälfte der Brotscheiben in eine tiefe, ofenfeste Form von etwa 25 cm Durchmesser einlegen. Wenn nötig, die Brote zuschneiden, sodass der ganze Boden der Form gleichmäßig mit Brot ausgelegt ist. Die Hälfte der Kohlmischung darauf verteilen, dann ein Drittel des geriebenen Fontina-Käses. Die restlichen Brotscheiben daraufschichten, dann die andere Hälfte des Gemüses und wieder ein Drittel des geriebenen Käses. So viel Brühe angießen, dass die Form fast ganz gefüllt ist, dann eine weitere Schicht Brot auflegen. Die Scheiben leicht nach unten drücken, um sie mit Brühe zu bedecken und mit Öl zu beträufeln. Mit dem restlichen Käse und den ganzen Salbeiblättern bestreuen.

5 Die ofenfeste Form mit Alufolie abdecken und etwa 20 Minuten in den vorgeheizten Ofen schieben. Die Folie entfernen und weitere 15 Minuten backen, bis die Kruste goldgelb ist und kleine Blasen wirft. Sofort servieren.

DOLCE: DESSERT

······························
REZEPTE
······························

Ricotta aus dem Ofen • Panna cotta • Safranbiscotti mit Pistazien • Ricotta-Schokoladen-Kuchen • Panforte • Leichtes Tiramisu • Polentakuchen mit Zitrusfrüchten und Mandeln • Cannoli-Variation • Semifreddo mit Torrone, Schokolade und Rhabarber • Fruchtsalat mit Limoncellosorbet • Martini-Espresso

Für 1 Ricotta-Käse

RICOTTA AUS DEM OFEN
von Georgie Socratous

ZUTATEN

- 1 Ricotta (italienischer Frischkäse aus Schaf- und/oder Kuhmilch)
- flüssiger Honig, zum Beträufeln
- 1 Bio-Orange oder Bio-Zitrone, die Schale fein abgerieben, dann geschält und das Fruchtfleisch in dünne Scheiben geschnitten

1 Den Backofen auf 190°C vorheizen. Den Ricotta im Ganzen in eine Auflaufform setzen. Mit Honig beträufeln und mit Zitronen- oder Orangenschale bestreuen und mit Zitronen- oder Orangenscheiben belegen.

2 Den Ricotta 20–25 Minuten backen, bis die darin enthaltene Flüssigkeit verdampft ist und er an den Rändern leicht gebräunt ist. Abkühlen lassen und bei Zimmertemperatur servieren.

Variante
Für eine salzige Variante den Ricotta mit Olivenöl beträufeln, salzen, pfeffern und mit Chilipulver, getrocknetem Oregano und frischem Majoran bestreuen.

© Yuki Sugiura

Einfach und kinderleicht: Servieren Sie zum Ricotta, was Sie gerade an Obst, Gemüse oder Kräutern vorrätig haben.

Aus der italienischen Esskultur ist Käse nicht wegzudenken. Genau wie Wein ist er Ausdruck der Individualität der einzelnen Regionen. In traditionellen Gerichten findet man ihn häufig gehobelt, gerieben, geschmolzen oder als i-Tüpfelchen auf dem Dessert. Jede Region hat ihre Rezepte, die den lokalen Käse-Erzeugnissen einen prominenten Platz einräumen.

Für 8 Personen

PANNA COTTA
von Jamie Oliver, Gennaro Contaldo und Jules Hunt

ZUTATEN

- 1 Vanilleschote
- 4 kleine oder 2 große Gelatineblätter
- 750 g Crème fraîche (35 % Fett)
- 150 ml Vollmilch
- 100 g Zucker
- fein abgeriebene Schale von 1 Bio-Orange oder Bio-Zitrone (nach Geschmack), zum Bestreuen

1 Die Vanilleschote mit einem Messerchen längs aufschlitzen und das Mark mit der Messerspitze herauskratzen (es geht um die kleinen schwarzen, duftenden Samen!). Die Vanillesamen und die -schote beiseitelegen. Die Gelatineblätter einige Minuten in ein Schälchen mit kaltem Wasser einlegen, damit sie weich werden.

2 Bei niedriger Hitze Crème fraîche, Milch, Zucker, Vanilleschote und -samen in einem Topf erhitzen. Kurz bevor die Masse anfängt zu kochen, den Topf vom Herd nehmen.

3 Die Gelatine abtropfen lassen und mit den Händen ausdrücken, um überschüssiges Wasser zu entfernen. Zu den anderen Zutaten in den Topf geben und mit einem Schneebesen einrühren. Wenn die Masse homogen ist, durch ein Sieb streichen und in acht Förmchen verteilen. Für mindestens 3 Stunden in den Kühlschrank stellen.

4 Die Förmchen vor dem Servieren kurz in lauwarmes Wasser tauchen, dann auf Servierteller stürzen und eventuell mit der abgeriebenen Zitruschale bestreuen.

Für etwa 30 Stücke

SAFRANBISCOTTI MIT PISTAZIEN
von Georgie Socratous

ZUTATEN

- 180 g Pistazienkerne
- 1 Prise Safranfäden
- 110 g weiche Butter + Butter zum Einfetten
- 3 Eier
- 200 g Zucker
- 630 g Mehl (Typ 550)
- 1 TL Backpulver
- 1 Prise Salz

Wenn Ihnen diese Kekse richtig gut schmecken, können Sie auch einmal die Pistazien durch Mandeln ersetzen und den Safran durch Vanille.

1 Den Backofen auf 180 °C vorheizen. Die Pistazien auf einem Backblech verteilen und etwa 5 Minuten im vorgeheizten Ofen rösten. Herausnehmen und abkühlen lassen.

2 Die Safranfäden in einem Schälchen mit 2 Esslöffeln heißem Wasser auflösen. In der Zwischenzeit die Butter mit einem Handrührgerät mixen, bis eine leichte, schaumige Creme entsteht. Nach und nach Eier, Zucker und Safranwasser zugeben.

3 Mehl, Backpulver und Salz hinzufügen und alles mit dem Handrührer mixen, bis die Masse schön glatt wird. Die Pistazien mit einem Kochlöffel unterheben.

4 Ein großes oder zwei kleine Backbleche mit Backpapier auslegen und mit Butter einfetten. Den Teig zu einer langen Rolle von etwa 2 cm Durchmesser formen.

5 Das Backblech 30 Minuten im heißen Ofen backen, bis die Masse goldgelb ist. Anschließend 5 Minuten abkühlen lassen. Die Teigrolle auf ein Brett legen und in 2 cm dicke Scheiben schneiden (die Dicke der Scheiben entsprechend variieren, je nachdem, ob Sie dünne oder dickere Kekse möchten).

6 Die Scheiben mit der Schnittfläche nach oben auf das Blech legen und nochmals 5 Minuten in den Ofen schieben, damit sie goldbraun werden. Wenden und weitere 5 Minuten backen. Herausnehmen und abkühlen lassen. Die Biscotti in einem luftdichten Gefäß aufbewahren.

Für 6 Personen

RICOTTA-SCHOKOLADEN-KUCHEN
von der Familie Ravida

Dieses wunderbare Rezept stammt aus den Aufzeichnungen der sizilianischen Familie Ravida.

ZUTATEN

- 1 Vanilleschote
- 4 große Eier
- 250 g dunkle Schokolade, grob gehackt
- 500 g Ricotta (italienischer Frischkäse aus Schaf- und/oder Kuhmilch)
- fein abgeriebene Schale von 2 Bio-Zitronen
- 300 g Zucker
- 250 g gemahlene Mandeln
- ½ TL gemahlener Zimt
- Butter, zum Einfetten der Form
- Mehl, zum Bestäuben der Form
- Puderzucker, zum Bestäuben
- gehackte oder gemahlene Pistazien, zum Bestreuen

1 Den Ofen auf 180 °C vorheizen. Die Vanilleschote mit einem Messerchen längs aufschlitzen und das Mark mit der Messerspitze herauskratzen. Die Eier trennen. Die Schokolade in einer Schale in der Mikrowelle oder über einem Wasserbad schmelzen.

2 Den Ricotta mit einem Holzlöffel durch ein Sieb drücken und die Flüssigkeit in einer Schüssel auffangen. Vanillemark, Eigelbe, geschmolzene Schokolade, Zitronenschale, Zucker, Mandeln und Zimt unterrühren.

3 Das Eiweiß in einer sauberen Schüssel mit einem Mixer zu Eischnee schlagen und dann vorsichtig mit einem großen Metalllöffel unter die Masse heben. Die Masse sollte homogen und dabei so luftig wie möglich sein.

4 Eine runde Kuchenform (24 cm Durchmesser) mit Butter einfetten und mit Mehl bestäuben. Die Schokoladenmasse in die Form füllen und die Oberfläche mit einem Teigschaber glätten. Im vorgeheizten Ofen etwa 45 Minuten backen.

5 Herausnehmen, dann abkühlen lassen. Aus der Form nehmen und auf einen Servierteller setzen. Den Kuchen vor dem Servieren mit Puderzucker bestäuben und mit Pistazien bestreuen.

Für 6 Personen

PANFORTE
von Georgie Socratous

ZUTATEN

- 300 g Mandeln, Pistazien und Haselnusskerne, gemischt
- 200 g kandierte Zitronen- und Orangenschalen
- 1 TL Kardamomkapseln
- 75 g Mehl
- 175 g getrocknete Feigen
- 80 ml Sherry
- 6 EL flüssiger Honig
- 150 g Rohrohrzucker
- ½ TL gemahlener Zimt
- 1 Prise frisch geriebene Muskatnuss
- 1 Prise gemahlene Gewürznelken
- Puderzucker, zum Bestäuben

Dieses Kuchenrezept stammt aus der Toskana, genauer gesagt aus der Stadt Siena. Panforte kann man hervorragend aufbewahren: Packen Sie den Kuchen einfach in einen dekorativen Karton und verschenken Sie ihn als leckeres Mitbringsel.

1 Mandeln, Pistazien und Haselnüsse schälen. Die kandierten Zitrusfruchtschalen fein hacken. Die Kardamomkapseln öffnen, die Samen herauslösen und in einem Mörser zerreiben.

2 Eine runde Kuchenform (22 cm Durchmesser) oder eine eckige Form von 20 cm Seitenlänge mit Reispapier oder Oblaten auslegen. Mandeln, Pistazien und Haselnüsse in einer Pfanne ohne Fett rösten. In eine Schüssel geben, die kandierten Zitrusfruchtschalen und das Mehl zugeben und alles gut vermengen.

3 Den Backofen auf 150 °C vorheizen. Die Feigen in einer Küchenmaschine fein hacken und mit der Hälfte Sherry, Honig, Zucker sowie Kardamom, Zimt, Muskatnuss und Gewürznelken in einen Topf geben. Alles zum Kochen bringen und 5–8 Minuten köcheln lassen. Zur Nussmischung geben und vermengen. Wenn die Masse zu trocken ist, den restlichen Sherry angießen.

4 Die Masse in die Kuchenform füllen und im vorgeheizten Ofen 30 Minuten backen. Den Kuchen aus dem Ofen nehmen und vorsichtig eine Lage Reispapier oder Oblaten auf die Oberfläche legen und leicht andrücken. Danach noch einmal für 10 Minuten im Ofen backen. Den Kuchen in der Form abkühlen lassen.

5 Den Panforte dünn aufschneiden und mit Puderzucker bestäuben. Mit einer Tasse Kaffee servieren.

Für 6 Personen

LEICHTES TIRAMISU
von Georgie Socratous

ZUTATEN

- 3 Tassen heißer Espresso
- 2 EL Zucker + 100 g Zucker
- 400 g Ricotta (italienischer Frischkäse aus Schaf- oder Kuhmilch)
- 100 g Magerquark
- 2 große Eiweiß
- 12 Stück Löffelbiskuits
- Vin Santo (Dessertwein), zum Beträufeln
- 40 g Schokolade (70 % Kakaoanteil)
- Schoko-Kaffeebohnen (nach Geschmack), zum Bestreuen

Für ein köstliches Tiramisu, das etwas leichter und feiner ist als üblich, wurde in diesem Rezept Mascarpone durch eine Mischung aus Ricotta und Magerquark ersetzt.

1 In den Espresso 2 Esslöffel Zucker einrühren; er sollte sich ganz auflösen. In eine Schale füllen und beiseitestellen.

2 Ricotta, Quark und den restlichen Zucker 2–3 Minuten mit einem Schneebesen verrühren, bis eine seidige Masse entsteht. Die Eiweiße mit einem elektrischen Handrührgerät zu Eischnee schlagen und unter die Masse heben.

3 Die Hälfte der Biskuits in den Kaffee tunken, dann jeweils in zwei Hälften brechen und entweder in sechs Dessertgläschen oder für ein Familien-Tiramisu in eine Schale schichten. Mit Vin Santo beträufeln und mit einer Schicht Ricotta-Quark-Creme bedecken. Den Vorgang mit den übrigen Biskuits, dem restlichen Vin Santo und der restlichen Creme wiederholen.

4 Mit einem Sparschäler oder Gemüsehobel Späne von der Schokolade abziehen oder die Schokolade mit einer Reibe reiben. Das Tiramisu mit den Schokospänen oder der geriebenen Schokolade bestreuen und nach Geschmack mit Schokobohnen belegen.

5 Das Tiramisu vor dem Verzehr für mindestens 30 Minuten kühl stellen.

Für 6 Personen

POLENTAKUCHEN MIT ZITRUSFRÜCHTEN UND MANDELN
von Kate McCullough

ZUTATEN

- je 2 Bio-Orangen und Bio-Zitronen
- Butter, zum Einfetten + 225 g weiche Butter
- Zucker, zum Bestreuen + 225 g Zucker für den Teig + 2 EL Zucker zum Kandieren der Orangenzesten
- 3 Eier
- 125 g gemahlene Mandeln
- 125 g Polenta
- 1 TL Backpulver
- 75 g Puderzucker

1 Von den Orangen feine Zesten abziehen und die Zesten einer der Orangen fein hacken. Eine Orange auspressen. Von den Zitronen die Zesten abziehen und fein hacken. Die Zitronen ebenfalls auspressen.

2 Den Backofen auf 170 °C vorheizen. Eine Backform (23 cm Durchmesser) mit Butter einfetten und gleichmäßig mit Zucker ausstreuen.

3 Butter und Zucker glatt verrühren. Die Eier aufschlagen und nach und nach einrühren. Mandeln, Polenta, Backpulver sowie den Saft einer Orange und die Zesten beider Zitronen zugeben und einrühren. Dann den Saft und die geriebene Schale der Orangen zugeben und unterrühren.

4 Die Masse in die Form füllen und 50–60 Minuten in den vorgeheizten Ofen schieben, bis der Kuchen goldgelb und innen fast fest ist. In der Kuchenform abkühlen lassen.

5 In der Zwischenzeit die Orangenzesten zubereiten. Dazu den restlichen Zucker mit 2 Esslöffel Wasser in einem Topf aufkochen und ab und zu rühren. Wenn der Zucker aufgelöst ist, den Topf vom Herd nehmen und die Orangenzesten einlegen. Abkühlen lassen.

6 Nun den Zuckerguss zubereiten. Dazu den Puderzucker in eine Schale sieben und so viel von dem Zitronensaft zufügen, dass ein feiner Guss entsteht. Den Guss gleichmäßig über dem Kuchen verteilen. Die kandierten Orangenzesten abtropfen lassen und den Kuchen damit belegen.

Für 24 Röllchen

CANNOLI-VARIATION
von Susie Theodorou

Traditionell frittiert man die Röllchen. In diesem Rezept aber wird der Teig ein paar Minuten gebacken und dann um einen Kochlöffelstiel gewickelt, um den Cannoli ihre Form zu verleihen.

ZUTATEN

- 250–275 g Ricotta (italienischer Frischkäse aus Schaf- oder Kuhmilch)
- 75 g kandierte, fein gehackte Orangenschale
- 30 g Schokolade (70 % Kakaoanteil), gehackt
- 2 EL Haselnusskerne, geröstet und grob gehackt
- 2 EL Zucker
- 100 g Sahne, steif geschlagen
- Puderzucker, zum Bestreuen

Für die Teigröllchen
- 3 EL Mehl
- 160 g Zucker
- 100 g gemahlene Mandeln
- 1 Prise Salz
- 50 g geschmolzene Butter
- 2 kleine Eiweiß
- 2 TL Amaretto oder Sherry

1 Zuerst die Teigröllchen zubereiten. Dazu Mehl und Zucker durchsieben und zusammen mit den Mandeln, Zucker und Salz in einer Küchenmaschine verrühren. Bei laufender Maschine die Butter, dann Eiweiße und Alkohol zugeben. Alles in eine Schüssel füllen, mit Frischhaltefolie abdecken und etwa 30 Minuten kühl stellen.

2 Den Backofen auf 190 °C vorheizen. Nun alle Zutaten für die Füllung in einer Schüssel miteinander vermengen. Die Masse in einen Spritzbeutel mit einer runden Tülle (1 cm Durchmesser) füllen und kühl stellen.

3 Einige Blatt Backpapier oder eine Backmatte aus Silikon vorbereiten. Einen gehäuften Löffel Teig auf das Backpapier oder die Backmatte setzen und mit einem kleinen Teigschaber oder einem Löffelrücken zu einer Scheibe von 7–8 cm Durchmesser ausbreiten. Mit dem restlichen Teig genauso verfahren (es sollten dabei 24 Teigscheiben herauskommen).

4 Die Scheiben nun in mehreren Etappen backen, damit der Teig nicht auskühlt. Dazu das Backpapier auf ein Backblech legen und 4 Minuten in den vorgeheizten Ofen schieben, bis die Scheiben an den Rändern goldgelb sind. Teigscheiben herausnehmen und rasch um einen Kochlöffelstiel wickeln (ca. 1,5 cm Durchmesser). Dort etwa 1 Minute belassen, dann abziehen und auf einem Gitter abkühlen lassen.

5 Die Teigrollen erst kurz vor dem Verzehr mithilfe des Spritzbeutels füllen (gefüllte Röllchen weichen nach 1 Stunde auf!). Cannoli auf einen Teller schichten und mit Puderzucker bestäuben. Ungefüllte Röllchen halten sich in einem luftdichten Gefäß zwei Tage.

Für 6 bis 8 Personen

SEMIFREDDO MIT TORRONE, SCHOKOLADE UND RHABARBER
von Ginny Rolfe

»Dieses Dessert habe ich zum ersten Mal vor fast 15 Jahren zubereitet«, erzählt Jamie. »Das Rezept hat sich seither nicht wesentlich verändert. Torrone, italienisches Nougat, erhält man im italienischen Supermarkt. Sollten Sie es dort nicht bekommen, dann verwenden Sie zerkleinerte Daim®-Bonbons.«

ZUTATEN

- 4 große Eier
- 200 g hartes Torrone (italienisches Nougat)
- 100 g dunkle Schokolade
- 150 g gemischte Pistazien, gehobelte Mandeln und Haselnusskerne
- 50 g Zucker
- 500 g Crème fraîche
- 1 Prise Salz
- fein abgeriebene Schale von 1 Bio-Orange

Für das Rhabarberkompott
- 8–10 Rhabarberstangen
- 1 Vanilleschote
- 4–5 EL Zucker + Zucker zum Süßen
- fein abgeriebene Schale und Saft von 2 Bio-Orangen

1 Für das Semifreddo eine flache Keramikbackform mit einem Fassungsvermögen von 2 Liter in das Gefrierfach stellen. Die Eier trennen. Den Torrone in größere Stücke brechen und die Schokolade grob hacken. Pistazien, Mandeln und Haselnusskerne hacken.

2 Zucker und Eigelbe in einer großen Schüssel miteinander verrühren, bis sich das Volumen etwa verdoppelt hat und eine schäumende Masse entsteht.

Die Crème fraîche in einer anderen Schüssel mit einem Handrührgerät mixen, bis sie geschmeidige Spitzen bildet (rechtzeitig aufhören, damit die Creme nicht dicker wird). In einer dritten Schüssel die Eiweiße mit Salz verrühren und zu Eischnee schlagen.

3 Crème fraîche und Eischnee in die Schüssel zur Zucker-Ei-Masse geben. Torrone, Schokolade und abgeriebene Orangenschale untermischen. Dann Pistazien, Mandeln und Haselnüsse zugeben, dabei einige zum Bestreuen beiseitelegen. Das Semifreddo in die vereiste Form füllen und mindestens 4 Stunden in das Gefrierfach stellen, damit das Eis richtig fest wird.

4 Den Backofen auf 200 °C vorheizen. Den Rhabarber putzen, schälen und die Stangen in etwa 8 cm lange Stücke schneiden. Die Vanilleschote längs aufschlitzen und das Mark mit einem Messerchen herauskratzen.

5 Den Rhabarber zusammen mit Zucker, abgeriebener Orangenschale, dem Vanillemark und der Vanilleschote in eine Auflaufform geben und mit dem Saft der Orange übergießen. Die Form mit Aluminiumfolie abdecken und den Rhabarber 20–30 Minuten im vorgeheizten Ofen garen, bis er weich geworden ist. Anschließend mit etwas mehr Zucker süßen, falls der Kompott noch zu sauer ist. Die Form erneut mit Alufolie abdecken, um den Rhabarber warm zu halten.

6 Das Semifreddo aus dem Gefrierfach nehmen und vor dem Servieren für etwa 20 Minuten in den Kühlschrank stellen (das Eis soll weich und leicht zu löffeln sein). Den lauwarmen Rhabarber in Dessertschälchen verteilen und auf jede Portion eine üppige Kugel Torrone-Semifreddo setzen. Mit den restlichen Pistazien, Mandeln und Haselnüssen bestreuen.

Für 4 bis 6 Personen

FRUCHTSALAT MIT LIMONCELLO-SORBET
von Holly O'Neill

ZUTATEN

- 8 große Erdbeeren
- 5 gelbe Pflaumen
- 150 g reife Honigmelone
- 8 Minzeblätter
- 150 g Fruchtfleisch einer reifen Ananas
- 250 ml Glas frisch gepresster Orangensaft (nach Möglichkeit von Blutorangen)

Für das Limoncellosorbet
- 150 ml frisch gepresster Zitronensaft
- 100 ml Limoncello (Zitronenlikör)
- 1–2 EL Zucker

© Sam Stowell

1 Zuerst das Sorbet zubereiten. Dazu alle Zutaten in einer Schüssel mit 50 ml Wasser verrühren, bis der Zucker ganz aufgelöst ist. Die Masse in eine Eismaschine mit Kühlakku füllen und die Rührfunktion einschalten oder die Mischung in eine Schale füllen, in das Eisfach stellen und alle 40 Minuten mit einer Gabel umrühren, damit sich keine Kristalle bilden.

> Schmilzt das Sorbet, dann wird es zu einer köstlichen Sauce. Für eine **alkoholfreie Variante**, die auch Kinder genießen, einfach den Limoncello durch eine Mischung aus frisch gepresstem Zitronensaft, Wasser und Zucker ersetzen.

2 Die Erdbeeren kurz unter fließendem Wasser abspülen, trocken tupfen und vom Stielansatz befreien. Die Pflaumen waschen, trocken tupfen und entsteinen. Die Honigmelone halbieren, die Kerne entfernen und das Fruchtfleisch herausschälen. Die Minzeblätter in dünne Streifen schneiden.

3 Alle Früchte klein schneiden und in eine Servierschale geben. Den Orangensaft angießen und die Minze zugeben. Alles vorsichtig durchmischen und ein paar Minuten ruhen lassen.

4 Den Fruchtsalat in Dessertschälchen füllen und jeweils eine üppige Kugel Limoncellosorbet daraufsetzen.

Kaffee in Italien

Den *espresso* serviert man hier üblicherweise in einer kleinen Tasse. Ein *espresso doppio* enthält dabei die doppelte Menge Espresso. Der *ristretto* wird mit weniger Wasser zubereitet, ist also etwas konzentrierter als Espresso. Auf dem *macchiato* sitzt für gewöhnlich ein hübscher Milchschaum, während dem *caffè correto* ein Schuss Alkohol zugefügt wird. Dann gibt es noch den Cappuccino. Er besteht aus drei Komponenten: Espresso, mit Dampf erhitzter Milch und Milchschaum. Kakaopulver streut man in der Regel nicht über den Cappuccino, aber wenn Sie Glück haben, dann bekommen Sie ein *biscotto* dazu.

© David Loftus

Genuss in Maßen!

MARTINI-ESPRESSO
von Jamies Italiener

ZUTATEN

- ½ Teil kalter Kaffee (Espresso)
- ¼ Teil Zuckersirup
- ½ Teil Kahlua (Kaffeelikör)
- 1 Teil Wodka
- Kaffeebohnen, zum Bestreuen

Süß und kräftig im Aroma – das ideale Getränk nach einem guten Essen.

1 Alle Zutaten mit reichlich gecrashten Eiswürfeln in einem Shaker mixen. Kräftig schütteln, bis sich an der Oberfläche Schaum bildet.

2 Durchsieben und in geeiste Martinigläser füllen. Auf jedes Glas mit ein paar Kaffeebohnen garnieren und eiskalt servieren.

REZEPTREGISTER

A
Auberginen mit Parmesan 50

B
Bruschetta mit Bagna cauda 14
Burrata mit Tomate und Basilikum 18

C
Caponata mit Kapern 12
Cannoli-Variation 82
Carpaccio 26

F
Focaccia mit Tomate, Knoblauch und
    Rosmarin 61
Fruchtsalat mit Limoncellosorbet 86

I
Involtini di manzo 58

K
Kartoffel-Fenchel-Gratin mit Taleggio ... 57
Kohlsuppe, gratinierte mit Fontina 66

L
Lasagne, portionierte vegetarische 54
Linguine mit Krabben 30

M
Martini-Espresso 87
Mozzarella mit Meeräschenrogen
    (Bottarga di muggine) 15

P
Pane cunzato 42
Panforte 76
Panna cotta 71

Panzanella mit Rind 25
Pasta mit grünen Oliven 32
Pizza mit Brokkoli und Salsiccia 44
Pizza mit Kartoffeln und Taleggio 47
Pizza mit Pepperonisalami 49
Polentakuchen mit Zitrusfrüchten und
    Mandeln 80
Polentawürfel, frittierte 41
Puttanesca-Sauce 36

R
Radicchio, gegrillter mit Gorgonzola 21
Ricotta aus dem Ofen 70
Ricottafladen mit Pinienkernen 22
Ricotta-Schokoladen-Kuchen 75
Ricotta-Spinat-Lasagne 53

S
Safranbiscotti mit Pistazien 72
Seehecht mit geschmorten Artischocken,
    Erbsen und Speck 65
Semifreddo mit Torrone, Schokolade und
    Rhabarber 84
Spaghetti mit Hackfleischbällchen 31
Spaghetti all' Amatriciana 37
Spargelrisotto 62

T
Tagliatelle mit Artischocken, Pecorino
    und Prosciutto 35
Tiramisu, leichtes 79
Tomatensuppe caprese 17

Z
Zuppa caprese 17

ZUTATENREGISTER

A

Amaretto 82
Ananas 86
Artischocken 30, 35, 65
Auberginen 12, 50

B

Basilikum 12, 17, 18, 36, 42, 44, 49, 50
Blumenkohl 25
Bohnen, weiße 31
Bottarga di muggine 15
Broccoli 44
Brot 14, 17, 25, 66
Brühe 41, 62, 65, 66
Bucatini 37
Burrata 18
Butter 14, 22, 30, 35, 53, 54, 57, 62, 72, 80, 82

C

Chicoree 21, 25
Chilischoten 30, 36, 37, 42, 44
Ciabatta 18, 42
Crème fraîche ... 35, 47, 71, 84

E

Eier 22, 31, 35, 72, 75, 79, 82, 84
Erbsen 31, 65
Erdbeeren 86

F

Feigen, getrocknete 76
Fenchel 57
Fisch 65
Fontina 66

G

Gelatine (-blätter) 71
Gewürznelken 76
Gorgonzola 21
Grieß 35

H

Haselnusskerne 76, 82, 84
Hefe 44, 47, 49, 61, 72, 80
Honig 61, 70, 76
Honigmelone 86

K

Kaffee 79, 87
Kahlua 87

Kardamom 76
Kartoffeln 47, 57
Knoblauch 12, 14, 17, 25, 30, 31, 32, 35, 36, 37, 44, 49, 50, 54, 57, 58, 61, 66
Kohl 66
Krabben 30
Kresse 49

L

Lasagne (-blätter) 53, 54
Limoncello 86
Linguine 30
Löffelbiscuits 79
Lorbeer 53

M

Mandeln 76, 84
Mandeln, gemahlene 75, 80, 82
Mehl 22, 35, 44, 47, 49, 53, 54, 61, 72, 76, 82
Meeräschenrogen 15
Milch 22, 53, 54, 71
Minze 62, 86
Mozzarella 15, 17, 49, 50, 54

O

Oliven 12, 32, 36, 42
Orangen 70, 71, 80, 84, 86
Orangen, kandierte 76, 82
Oregano 12, 42

P

Pancetta 37, 65
Paniermehl 31, 58
Paprikaschoten 12
Parmesan 22, 26, 31, 41, 50, 53, 62
Passata 12, 32
Pasta 30, 31, 32
Pecorino 35, 37
Petersilie 30, 31, 35, 58
Pflaumen 86
Pinienkerne 21, 22, 58
Pistazien 72, 75, 76, 84
Polenta 41, 80
Prosciutto 35
Puderzucker 12, 75, 80, 82

Q

Quark 44 79

R

Radicchio 21, 25
Reis 62
Rhabarber 84
Ricotta .22, 53, 54, 70, 75, 79, 82
Rindfleisch 25, 26, 31, 58
Rosinen 21, 58
Rosmarin 25, 26, 41, 47, 58, 61
Rucola 15, 21, 22, 26

S

Safran 72
Salami 49
Salbei 66
Salsiccia 44
Sardellen 14, 25, 36, 42, 44, 66
Schalotten 54, 58, 65
Schlagsahne 82
Schokolade ...75, 79, 82, 84
Sellerie 12, 62
Spargel 62
Spinat 22, 53, 54

T

Taleggio 44, 47, 57
Thymian 47, 54, 57, 58, 65
Tomaten 12, 17, 18, 22, 31, 36, 37, 42, 44, 49, 50, 54, 58, 61
Torrone 84

V

Vanille (-schote) 71, 75, 84

W

Wein 37, 58, 62, 76, 79
Wodka 87

Z

Zimt 75, 76
Ziti 37
Zitronen 15, 21, 22, 25, 30, 35, 62, 65, 70, 75, 80, 86
Zitronenlikör 86
Zucker 44, 47, 49, 71, 72, 75, 79, 80, 84, 86
Zucker, brauner 17, 76
Zuckersirup 87
Zwiebeln 12, 21, 31, 37, 42, 47, 49, 50, 57, 62, 66

INHALT

ANTIPASTI & INSALATE: VORSPEISEN 11
Caponata mit Kapern 12
Bruschetta mit Bagna cauda 14
Mozzarella mit Meeräschenrogen (Bottarga di muggine) 15
Zuppa caprese 17
Burrata mit Tomate und Basilikum 18
Gegrillter Radicchio mit Gorgonzola 21
Ricottafladen mit Pinienkernen 22
Panzanella mit Rind 25
Carpaccio 26

PRIMI PIATTI: PASTA 29
Linguine mit Krabben 30
Spaghetti mit Hackfleischbällchen 31
Pasta mit grünen Oliven 32
Tagliatelle mit Artischocken, Pecorino und Prosciutto 35
Puttanesca-Sauce 36
Spaghetti all' Amatriciana 37

SECONDI PIATTI: HAUPTGERICHTE 39
Frittierte Polentawürfel 41
Pane cunzato 42
Pizza mit Brokkoli und Salsiccia 44
Pizza mit Kartoffeln und Taleggio 47
Pizza mit Pepperonisalami 49
Auberginen mit Parmesan 50
Ricotta-Spinat-Lasagne 53
Portionierte vegetarische Lasagne 54
Kartoffel-Fenchel-Gratin mit Taleggio 57
Involtini di manzo 58
Focaccia mit Tomate, Knoblauch und Rosmarin 61
Spargelrisotto 62
Seehecht mit geschmorten Artischocken, Erbsen und Speck 65
Gratinierte Kohlsuppe mit Fontina 66

DOLCE: DESSERT 69
Ricotta aus dem Ofen 70
Panna cotta 71
Safranbiscotti mit Pistazien 72
Ricotta-Schokoladen-Kuchen 75
Panforte 76
Leichtes Tiramisu 79
Polentakuchen mit Zitrusfrüchten und Mandeln 80
Cannoli-Variation 82
Semifreddo mit Torrone, Schokolade und Rhabarber 84
Fruchtsalat mit Limoncellosorbet 86
Martini-Espresso 87

DIE AUTOREN

Pete Begg
S. 15, 35, 65

Gennaro Contaldo
S. 41, 71

Laura Fyfe
S. 14, 18

Andy Harris
S. 12, 32, 37, 42, 62

Joss Herd
S. 17

Jules Hunt
S. 41, 71

Jamie's Italian
S. 87

Christina Mackenzie
S. 22

Kate McCullough
S. 26, 30, 47, 50, 53, 58, 80

Jamie Oliver
S. 31, 41, 44, 71, 84

Holly O'Neill
S. 25, 86

Rebecca Rauter
S. 36

Famille Ravida
S. 75

Ginny Rolfe
S. 61

Georgie Socratous
S. 21, 49, 57, 66, 70, 72, 76, 79

Susie Theodorou
S. 54, 82

BILDNACHWEIS
© Carolyn Barber: S. 28 (o. l.), 30
© Laura Edwards: S. 68 (M. re.), 77
© Tara Fisher: S. 10 (M. re.), 16, 60
© Will Heap: S. 28 (u. l.), 36, 38 (M. li.), 46
© Dan Jones: S. 10 (M. li. u. u.re.), 19
© Emma Lee: S. 38 (u. l.), 48
© David Loftus: S. 27, 28 (o. re. u. M. li.), 31, 33, 38 (o. l. u. M. li.), 40, 45, 52, 63, 68 (M. li.), 71, 74, 87
© Lisa Linder: S. 85
© Matt Munro: S. 15
© Myles New: S. 68 (o. re.), 73
© Con Poulos: S. 28 (u. re.), 37, 38 (u. re.), 55, 68 (u. re.), 83
© Anders Schønnemann: S. 28 (M. re.), 34, 64
© Sam Stowell: S. 10 (o.), 13, 14, 23, 24, 38 (o. re.) 43, 51, 59, 81, 86
© Yuki Sugiura: S. 10 (u. li.), 20, 56, 67, 68 (o. li. u. u. li.), 70, 78

Bilder von Jamie Oliver © David Loftus
Umschlag © Anders Schønnemann

ORIGINALAUSGABE
Rezepte und Fotos aus *Jamie Magazine*
veröffentlicht in Großbritannien
© Jamie Magazine Limited. The moral rights of the Author have been asserted.

Chefredakteur: Andy Harris
Lektoratsleitung: Paul Dring
Herstellungsleitung: Adrienne Pitts
Redaktionssekretariat: Claire Knivett
Unter der Leitung von: Jamie Oliver

FRANZÖSISCHE AUSGABE
© der französischen Ausgabe: 2013
HACHETTE LIVRE (Hachette Pratique)
Leitung: Catherine Saunier-Talec
Lektorat: Anne la Fay
Lektroatsassistenz: Juliette Spiteri
Übersetzung: Céline Petit
Korrektorat: Nelly Mégret
Artdirector: Antoine Béon
Cover- und Innengestaltung:
Nicole Dassonville
Realisation: les PAOistes

Der Verlag dankt Lucie Levron
für die gute Zusammenarbeit.

FÜR DIESE AUSGABE
© dieser Sonderausgabe: 2014
Dorling Kindersley Verlag GmbH, München
Ein Unternehmen der Penguin Random House Group
Alle deutschsprachigen Rechte vorbehalten.
Bereich Sondervertrieb
Nr. 2014-SS-016

Aus dem Französischen von:
Kristin Lohmann, München
bookwise GmbH, München

Druck: Polygraf Print spol. s r. o.,
Slowakische Republik

Besuchen Sie uns im Internet
www.dorlingkindersley.de

Die Informationen und Ratschläge in diesem Buch sind von den Autoren und vom Verlag sorgfältig geprüft, dennoch kann eine Garantie nicht übernommen werden. Eine Haftung der Autoren bzw. des Verlags und seiner Beauftragten für Personen-, Sach- und Vermögensschäden ist ausgeschlossen.

In dieser Reihe erschienen

jamie & friends

FLEISCH & FISCH

SALATE

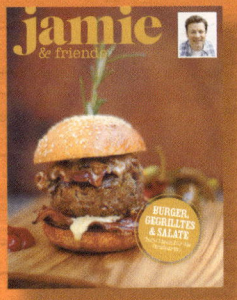
BURGER, GEGRILLTES & SALATE

COCKTAILS

CURRYS

DESSERTS

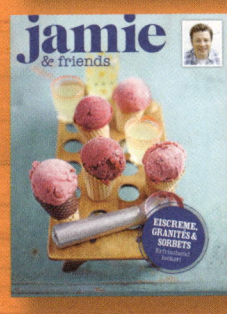
EISCREME, GRANITÉS & SORBETS

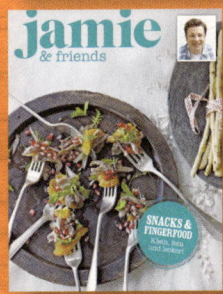
SNACKS & FINGERFOOD

ITALIENISCHE KÜCHE

KÜCHEN DER WELT

PASTA